Rendimiento Grupal en el Emprendedor

Adrián Fernández Picallo

Alfonso Fernández Vázquez

David Garrote Yáñez

Noel González Martínez

Pablo Lorenzo Feijoo

Título original de la colección: Rendimiento Grupal en el Emprendedor

Fotocopiar es un delito (Art. 270 C.P.)

© 2015 Lulú Press, Inc.

3101 Hillsborough Street
Raleigh, NC 27607. Estados Unidos.

Segunda edición, 2015

Coordinación y producción editorial: Lulú Press, Inc.
Diseño portada: Carla García Garrote
ISBN: 978-1-326-02111-5
Impreso en Estados Unidos/ *Printed in USA*

A Carli, por su extraordinario trabajo de diseño y maquetación.

Y a todos aquellos profesores a los que preocupaba más la investigación que la docencia, por todas esas horas que pasamos en la cafetería ideando nuevos proyectos durante vuestras "clases magistrales…"

Gracias.

Índice

"El espíritu de equipo es la habilidad para trabajar juntos en vistas a una meta común. La habilidad para encaminar los logros individuales hacia objetivos corporativos. Es el combustible que permite a la gente común alcanzar objetivos poco comunes"

Andrew Carnegie

Prólogo

David Garrote Yáñez

Antes de apretones de manos u otros protocolos...

¿Para qué leer este libro?

Rendimiento Grupal en el Emprendedor es una guía cuyas páginas te ofrecerán una información especialmente diseñada para personas que, como tú, están interesadas en mejorar su capacidad de gestión y de trabajo en equipo. Hoy en día, sea cual sea la rama profesional en la que te desarrolles, en el 99% de los casos:

A. Trabajarás en equipo

B. Gestionarás o liderarás un equipo

C. La A) y la B) son correctas

Si estás dentro de nuestra campana de gauss te doy, lleno de ilusión, la bienvenida a este libro. Si estás convencido de que tu camino profesional te sitúa en el 1% que no se ajusta a las opciones a), b) ni c), te invito igualmente a acompañarnos a lo largo de los próximos capítulos, pues estoy seguro de que podrás aprovechar lo que aprendas para tu vida diaria. Sea como sea: **BIENVENIDO/A.**

La estructura del libro es fundamentalmente **PRÁCTICA**. Cada capítulo incluye dinámicas explicadas paso a paso que te permitirán mejorar un aspecto concreto del rendimiento de tu equipo. Hemos elegido este sistema para que puedas aplicar inmediatamente todo lo que aprendas tras su lectura, y te invitamos a que pruebes a hacerlo de este modo.

¿Por qué escribir este libro?

Desde que iniciamos el parvulario y hasta finalizar los estudios superiores, nuestros maestros repiten constantemente la importancia que tiene en el mercado laboral saber trabajar en equipo. En la actualidad su relevancia es cada vez mayor. Sin embargo, no deja de ser curiosamente frustrante que en la amplia mayoría de casos nadie nos haya enseñado unas pautas a seguir para optimizar dicha hazaña. Aprender a trabajar en equipo no es en absoluto un proceso sencillo, sino más bien todo lo contrario. A lo largo de nuestra vida, y a base de ensayo error, se nos encomienda la difícil tarea de desentrañar tal galimatías social por cuenta propia.

Quizás una postura cómoda de defender fuese que ésta es la mejor manera de adquirir habilidades: uno mismo contra el mundo, y solo los fuertes sobreviven. Sin embargo, desde la psicología social y de los grupos está más que demostrado que existen ciertos mecanismos y variables sobre los que podemos actuar para controlar la eficiencia de nuestros equipos de trabajo (Ayestarán, 1996); mecanismos muy sencillos que podemos aprender tanto por instrucción como por aprendizaje vicario (observación) y que, por lo tanto, desmienten cualquier prejuicio que eximiese de la responsabilidad de transmitirlo a nuevas generaciones.

Partiendo de la existencia de técnicas y conocimientos concretos que nos permiten aumentar nuestra eficacia grupal (y que por supuesto desarrollaremos en los próximos capítulos), podemos abrir un gran paréntesis al que titularemos:

¿Para qué mejorar mi capacidad de trabajo en equipo?

Quizás hayas escuchado aquella reflexión de Groucho Marx en la que rechazaba la posibilidad de pertenecer a un grupo que estuviese dispuesto a aceptarle como miembro. El ser humano crece, aprende y se desarrolla en sociedad. Necesita romper las barreras sociales para entrar a conocer la realidad de las otras personas, pasar del "yo" al "nosotros". Pero no todas las personas encuentran el camino para integrarse y trabajar en grupo de forma eficaz (Ballenato, 2009).

La cuestión clave es que el ser humano está "condenado" a formar parte de diferentes grupos tanto si decide hacerlo como si no. Antes de seguir leyendo, tómate un minuto y responde en una hoja de papel a la siguiente pregunta:

¿QUÉ SOY YO?

(qué, y no quién)

Guarda tu respuesta entre las hojas de este libro (o incluso si quieres puedes utilizarla de marcador). Cuando finalices la lectura *Para Saber Más: Paradigma del Grupo Mínimo* (pág. 37) te servirá como ejemplo.

Partiendo de este principio de grupalidad, la ciencia de la industria y la organización ha evolucionado hasta límites insospechados el concepto de equipo de trabajo.

Hace varias décadas, cuando compañías como W.L. Gore, Volvo y General Foods introdujeron equipos en sus procesos de producción, fue portada en las noticias debido a que nadie lo había hecho antes. Hoy en día sucede lo contrario. La organización que *no* usa equipos es la que se ha vuelto digna de salir en los noticieros. Los equipos están en todas partes. De hecho es tal la importancia reconocida en el equipo, que actualmente la mayoría de gigantes tecnológicos optan por "fichar" equipos completos de 10, 20 o incluso 30 personas. Tomemos el ejemplo de Mark Metz, CEO de Optimus Solutions (compañía de sistemas y servicios de cómputo). Metz funda Optimus y se trae de su antigua empresa a siete compañeros, a los cuales incluye en el consejo de dirección. En 2001 "ficha", de otra empresa, un equipo completo de 10 personas. En 2005 supera su marca: contrata a todo el equipo de 30 personas de un gerente. Metz afirma que obtuvo una valiosísima experiencia de una manera muy rápida y sin perder tiempo en desarrollarla. (Robbins & Judge, 2004)

"Entras a la dinámica de un equipo en funcionamiento sin tener que crearlo" (Mark Metz)

Por lo tanto y en resumen:

1. Siempre vas a ser miembro de algún grupo
2. Algunos grupos son potencialmente muy valiosos
3. Mejorar tu capacidad de trabajo en equipo te hace potencialmente muy valioso (1 + 2)

Estos tres puntos son, fundamentalmente, el pilar que nos ha motivado a escribir este libro para todos aquellos que, como tú, queréis manejar vuestro camino laboral de una forma proactiva. ¿Comenzamos?

Capítulo 1
El ratón que soñaba con ser un elefante.

Pablo Lorenzo Feijoo

 Muchos conoceréis al elefante Amazon y estaréis hartos de comprar artículos desde su web, o tal vez solo os suene su nombre. No tantos conoceréis al ratón Jeff Bezos, un apasionado de la informática, que siendo un hombre cualquiera y teniendo un buen trabajo, decidió dejarlo para construir su sueño: una librería on-line.

Esa librería virtual es Amazon.com, actualmente la mayor librería en la red del mundo. Ofrece además productos multimedia, ropa, y todo lo que uno se pueda imaginar, siendo uno de los mayores portales de ventas por internet.

El ratón se convirtió en uno de los elefantes más grandes del planeta. Revolucionó el comercio electrónico persiguiendo su pasión. Se arriesgó a soñar con ser gigante, y crece cada día más.

Emprendimiento.

Ha llegado el momento de que decidas emprender, superar lo que ya has conseguido, ponerte nuevos retos y nuevas metas, decidirte a innovar y a ser creativo; a luchar por el éxito laboral.

No importa tu ámbito. En todas las profesiones se puede emprender y crear un negocio. Los problemas que veas ahora mismo, si los analizas bien, no son tan graves, podrás encontrar una solución para ellos. No busques obstáculos, ya surgirán en el camino.

Si tienes esta motivación sigue leyendo y a lo largo de este capítulo obtendrás una serie de claves y recomendaciones que te ayudarán en el duro camino del emprendimiento. No te voy a mentir, emprender no es fácil, lo que tampoco implica que sea difícil, sino un trabajo constante, laborioso y en el que tendrás que armarte de paciencia.

Empecemos. Lo principal es tener una buena idea y alguien con iniciativa para trabajar en ella. Si consigues, además de tener tu idea, proponerte hacer todo lo que esté en tu mano para sacar el proyecto adelante, ya hay mucho ganado.

La idea de partida.

La idea ha de ser un proyecto con sentido, que sirva para un fin de provecho: mejorar algo, ofrecer un servicio innovador o satisfacer necesidades que el consumidor todavía no logra solucionar con el amplio mercado actual. Ponte el listón alto pero alcanzable, sin pasarte de ambicioso, aún estás empezando.

Piensa en tu idea, tenla ahora mismo en la mente y decide si tiene uno de los fines que te he citado antes. Si es así, piensa por qué tu idea ha de triunfar una vez la saques al mercado, ¿qué valor añadido ofreces al cliente?, ¿por qué va a conquistar tú idea?, ¿en qué vas a innovar?

 Ejercicio. Escribe aquí tu idea y el porqué va a triunfar.

No es fácil encontrar una idea que triunfe, es lógico que tengas dudas sobre ella; pero no es malo temer al fracaso, es más, yo diría que es fundamental temer al fracaso para llegar a triunfar.

Que no te detenga tu falta de experiencia, la única forma de conseguirla es empezando. Piensa en todo lo que no sabías hacer, todo en lo no tenías destrezas y ahora dominas perfectamente: andar en bicicleta, practicar algún deporte, conducir, o incluso leer y escribir; si has aprendido estas cosas, ¿por qué no vas a aprender a sacar tu idea adelante?, ¿por qué no vas a aprender a emprender?

"Donde hay una empresa de éxito alguien tomó alguna vez una decisión valiente" (Peter Drucker).

No te lances por un precipicio, calcula primero los riesgos que existen. Busca toda la información disponible sobre el mercado en el que te vas a introducir, estadísticas, informes, precios… cuanta más información, más variada y más contrastada menos probabilidades de tomar decisiones equivocadas.

Inicialmente debes centrarte en una clientela específica, un grupo no muy reducido, pero tampoco demasiado amplio, y con el tiempo, cuando te afiances como empresa en ese sector tendrás la posibilidad de crecer y expandirte.

Los grandes emprendedores como Jeff Bezos, Juan Roig (Mercadona) o Amancio Ortega, tardaron años en lograr sus éxitos, y estoy seguro que antes de ello tuvieron fracasos, pero lo importante es lo que aprendes de esas caídas. Si aún teniendo una buena idea fracasas tendrás que buscar el por qué. Entre otras opciones puede que estuviese mal planteada, que te dirigieses a un público inadecuado, o incluso que no realizases un buen marketing.

La comercialización.

Una vez llegados a este punto has de tener tu idea, creer en ella, y estar dispuesto a darlo todo para sacarla adelante, lo cual te costará mucho tiempo y esfuerzo.

Ahora piensa en cómo la vas a vender (refiriéndonos a venderla en el sentido de publicitarla, de ponerte una marca). Para ello quiero que pienses en una frase, algo así como un lema (no un slogan) que sea tu identificación como marca. Por ejemplo el de Coca Cola sería *"destapando la felicidad"*; Coca Cola busca que el consumidor sienta felicidad al abrir su refresco, que asocie la felicidad a su marca (Kawasaki, 2006).

 Ejercicio. Véndete como marca, escribe la frase con la que deseas que tu idea sea identificada. Ha de ser una frase corta e impactante.

Pero no basta con hacer planes, debes pasar a la acción y producir tu idea. Veremos ahora qué necesita tu proyecto para ponerse en marcha.

El equipo.

Luchar por tu idea individualmente no es fácil. Las empresas exitosas suelen componerse por varios miembros, y para su selección hay que ser muy cauteloso. La gente con la que vas a contar, han de ser personas que se vayan a involucrar y a luchar por sacar el proyecto adelante igual que tú. Debéis complementaros entre vosotros, trabajando cada uno en el ámbito que resulte más eficiente.

Un equipo de no más de cinco personas, sería ideal para empezar a trabajar en el proyecto. Si además es un equipo multidisciplinar donde haya gente que entienda de administración, finanzas o marketing además del tema principal de la idea, todavía mejor, pues las posibilidades de éxito aumentan. Busca sinergias positivas (personas buenas tanto en su ámbito laboral como en el trabajo en equipo; de lo que hablaremos en el capítulo 11).

Ya que es tu primera experiencia como emprendedor, además de tener a tus socios, sería bueno que contases con un mentor: una persona madura, con experiencia en el sector y que actuase de consejero, sin trabajar en el proyecto. Hoy en día con poco que busques en internet encontrarás alguna iniciativa que te vaya como anillo al dedo y te proporcione a esta persona. No tengas miedo a pedir ayuda, es más te recomiendo comentar tu idea con tus conocidos ya que siempre escucharás opiniones, buenas y malas, que pueden proporcionarte algún consejo, o incluso algún contacto.

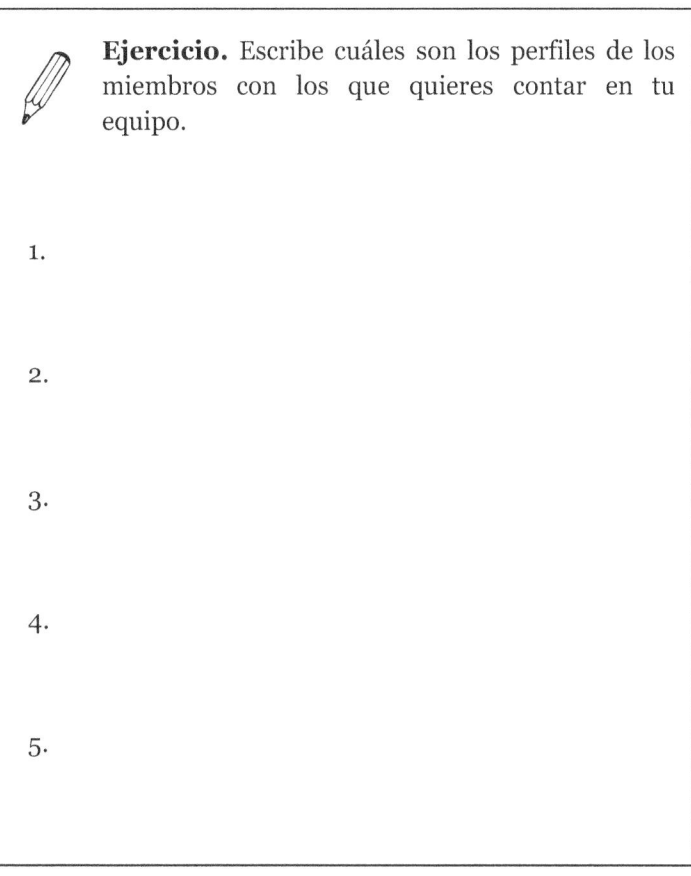

Ejercicio. Escribe cuáles son los perfiles de los miembros con los que quieres contar en tu equipo.

1.

2.

3.

4.

5.

La financiación.

Ya tienes tu equipo y tu idea de negocio. El siguiente paso es conseguir la financiación, ya que como todo en esta vida, se necesita dinero para sacarlo adelante.

Para ello tenéis, a priori, dos opciones de financiación. Por una parte la interna (que en muy pocas ocasiones es posible, ya que rara vez los miembros del equipo se pueden financiar). Por otro lado la externa, que abarca desde pedir un préstamo a un banco hasta realizar un *crowdfunding*, o simplemente plantearse el alquiler de las instalaciones con derecho a una posterior compra, cuando la empresa ya tenga un mínimo de capital (si fuese el caso de que necesitaseis unas instalaciones, porque muchas ideas de negocio por internet no las necesitan).

Que no te detenga la crisis en el mercado financiero mundial; es más, aprovéchalo. En tiempos difíciles la gente opta por disminuir el consumo de productos nuevos y aumentar el gasto en reparaciones por ejemplo, ¿puede adaptarse esto a tu idea?

Además si eres ingenioso puedes conseguir la financiación fácilmente. Como anécdota, en 2008 un equipo de fútbol orensano realizó el sorteo de un coche (cuando paradójicamente estaban buscando financiación) mediante la venta de papeletas en las que se "compraba" una miniparcela de las 6.000 en las que dividieron su campo de fútbol. El día del sorteo se ponía una vaca dentro del campo hasta que hiciese sus

28

necesidades en una de las miniparcelas, y el afortunado sería el ganador del coche. Esta iniciativa llamada *"Caca de la vaca"* fue tremendamente exitosa. El club consiguió más financiación de la que se esperaba y fue imitada por otros clubes en la misma situación.

El proyecto.

Para conseguir la financiación has de definir tu plan de empresa: un documento que recoja toda la información relativa al desarrollo del negocio, las bases para su creación, las expectativas, los presupuestos…

Un buen proyecto ha de contener la descripción pormenorizada de la empresa que quieres crear, los objetivos a conseguir, las estrategias a desarrollar y un buen estudio de su viabilidad (tanto técnica como económica), para así convencer a los inversores.

"Cuando nuestras aptitudes sobrepasen a nuestras habilidades lo imposible se hará posible" (John Maxwell).

La meta.

Por último debes plantearte unos objetivos o metas como emprendedor; los cuales deben tener fechas para ser alcanzados. Un consejo: elabora una lista de metas en la que especifiques cómo las vas a conseguir, qué necesitas para ello y cuánto tiempo te hará falta para cada una de ellas. Intenta cumplirla, y una vez superadas comprueba si tus suposiciones y tus planes fueron eficaces o si lograste tus objetivos de otro modo. Así conseguirás ir poniéndote metas cada vez más altas, pero viables que te harán trabajar duro.

Una vez que tengas todo esto, lanza la empresa al mercado. No importa si no está del todo perfeccionada o si no tienes el plan de empresa completamente definido. Eso se realizará con el tiempo. Pero no se puede esperar a tener todo perfectamente atado para salir al mercado, porque sino otro te adelantará, montará tu idea, y todo tu trabajo no habrá servido de nada.

"El único lugar dónde el éxito viene antes que el trabajo es en el diccionario"

(Donald Kendall)

Capítulo 2
Espartanos, ¿cuál es vuestro oficio? ¡Au! ¡Au!

David Garrote Yáñez

 El ejército espartano destacaba por pelear como una sola e impenetrable unidad. Esa era su mayor fuente de fuerza y a la vez su mayor debilidad: cada espartano protegía al hombre a su izquierda del muslo al cuello con su escudo, por lo que un solo punto débil podría hacer que toda la formación se hiciese añicos….

¿Qué es la cohesión grupal?

Entendemos por cohesión el grado en que los grupos se sienten atraídos mutuamente (Ballenato, 2009), pero ¿qué mantiene unido al grupo? ¿A qué se debe que unos grupos muestren más unidad que otros?

La cohesión grupal se define a través de 5 variables fundamentales:

1. Una adecuada comunicación entre los miembros

2. La confianza mutua

3. Una sólida construcción del equipo

4. El espíritu de cooperación

5. La convicción y creencia en lo que hace el grupo

El equipo que controle estas 5 variables, controlará una gran parte de su rendimiento grupal. Por cierto… ¿Qué es el rendimiento grupal?

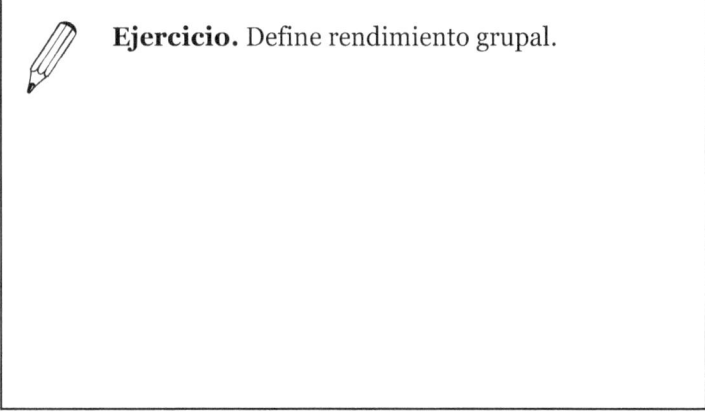

Ejercicio. Define rendimiento grupal.

No existe una única definición de rendimiento grupal, por lo que lo más seguro es que la tuya propia sea acertada. Yo puedo darte otra:

Es el rendimiento de cada individuo por separado más un rendimiento extra provocado por la interacción de los miembros entre sí.

Este rendimiento extra, llamado **sinergia** (quédate con la palabra, pues volveremos con ella más adelante), puede ser controlado y aumentado (Canto, 1998). La pregunta clave es: ¿Cuál es el momento más adecuado para empezar a hacerlo? ¿A partir de qué momento puedo intervenir para mejorar el rendimiento de mi equipo?

a) ~~Cuando el equipo está muy cohesionado y tiene una larga historia común~~

b) ~~Cuando el equipo está ligeramente cohesionado y tiene algo de historia común~~

c) Desde YA

El momento óptimo para trabajar sobre la sinergia de grupo es el propio nacimiento del grupo. Para ello, existen diversas dinámicas de cohesión grupal que permiten que los miembros del grupo se conozcan mejor y aumente su sentimiento de equipo. Basándome en mis conocimientos sobre la psicología de grupos y la experiencia que he tenido en equipos de alto rendimiento, te propongo la **Dinámica Alpha de**

cohesión grupal, la cual puedes utilizar con cada nuevo equipo en el que trabajes.

Dinámica Alpha de cohesión grupal.

La Dinámica Alpha es muy sencilla de llevar a cabo en cualquier grupo. Lo mejor es utilizarla en el nacimiento de este, pero puede utilizarse como dinámica de refresco en grupos más avanzados. Su objetivo fundamental es aumentar la cohesión y el sentimiento de equipo.

Paso 1: Cada miembro del equipo debe, de forma individual, escribir sobre el papel 5 características personales propias (atributos). Por ejemplo:

- ✓ Leal
- ✓ Despistado
- ✓ Capacidad para motivar
- ✓ Pasión por la música
- ✓ Líder

A continuación y también individualmente, se debe escribir una característica que se sienta que engloba en la máxima medida posible las 5 anteriores, a la cual llamaremos sello de identidad. El sello de identidad no tiene por qué relacionarse por sí mismo con los atributos del individuo, sino que llega con que el individuo se identifique con esta palabra. Por ejemplo:

> Leal + Despistado + Motivar + Música + Líder = CHISPA (sello de identidad)

Paso 2: El equipo debe hacer una puesta en común de su trabajo individual. Por orden cada miembro explica a sus compañeros sus atributos y por qué ha escogido cada uno, y lo mismo con su sello de identidad. A continuación, se escribe en un papel una lista con cada uno de los sellos de identidad. Tras un pequeño momento de reflexión, el equipo deberá construir una frase o un texto muy pequeño donde se recojan todos y cada uno de los sellos de identidad, y que pasará a ser su eslogan. Por ejemplo:

> Nos encontramos ante un equipo de 5 miembros donde sus sellos de identidad son: **CHISPA, FUERZA, MOTIVACIÓN, ÁGUILA y DEDICACIÓN**. El equipo construye el eslogan:

---

*"Encontrar la **FUERZA** para volar alto como un **ÁGUILA**, solamente está en manos de aquellos que con mucha **DEDICACIÓN** y **MOTIVACIÓN** se esfuerzan por encontrar la **CHISPA**."*

Resultados: con esta dinámica se consiguen dos resultados fundamentales…

1. **Relacionado directamente con la puesta en común del paso 1**. Los miembros del grupo comienzan a conocerse mejor. En muchas ocasiones terminamos por trabajar con gente a la que realmente no conocemos, y el rendimiento de cada individuo está directamente definido por sus motivaciones, sus inquietudes o por sus miedos.

2. **Relacionado con la tarea de equipo del paso 2**. Comenzar a crear "anclas de cohesión" y sentimiento de equipo. Los equipos con una mayor cohesión obtienen mejores resultados y el ritmo de trabajo es mucho más fluido o cómodo. Este punto debería de servir como punto de partida para crear cada vez nuevos nexos de unión en tu equipo: todo vale, desde un grupo de *Facebook* o *Whatsapp* hasta cenas mensuales o una estética común. Cada grupo debe marcarse sus propios límites.

"Buscando el bien de nuestros semejantes, encontraremos el nuestro"

(Platón)

 **Para Saber Más: Paradigma del Grupo Mínimo (Henri Tajfel).**

¿Tienes a mano el marcador?

Si cómo te propuse en la introducción, te tomaste ese minuto para pensar en qué eres, me atrevería a apostar fuerte porque te has autodefinido como miembro de algún colectivo. En mi caso, por ejemplo, me defino entre otras cosas como psicólogo o como miembro del colectivo de psicólogos. Habrá quien diga yo soy "arquitecto", yo soy "de tal partido político" o yo soy "español", diferentes colectivos o grupos que nos ayudan a definirnos como individuos. Nuestra vida cotidiana está envuelta en actividades compartidas con otras personas: en el trabajo, en el autobús, en muchos de nuestros momentos de ocio… Todos pertenecemos a algún grupo.

La influencia del grupo en las personas es impresionante. Cuando un individuo pasa a formar parte de un grupo, esto afecta a su comportamiento futuro, pues se produce un cambio de tipo cognitivo (qué piensa) y emocional (qué siente). Es imposible establecer una pauta capaz de darnos la medida de todo lo que ocurre cuando una persona pasa a formar parte de un grupo; todo va a depender de la persona de la que estemos hablando y, sobre todo, del tipo de grupo al que nos refiramos. Por poner un ejemplo, no sabemos cómo va a responder cada persona ante un determinado tipo de conflicto. Pero hay un principio general que atañe a todo tipo de personas y a cualquier clase de grupo: **la combinación y la relación dentro de un todo produce efectos distintivos no reducibles a las propiedades o disposiciones de sus partes** (Newcomb, 1972; Blanco, Becerra & de la Corte, 2005).

La conducta social que permanece inmune a la influencia grupal es francamente escasa. De hecho, incluso podríamos colocar al grupo como metáfora de nuestra existencia. Y es importante tener claro este concepto para valorar sabiamente nuestras decisiones y nuestros actos y no dejarnos arrastrar por conductas grupales que puedan no ser consecuentes con la conciencia individual (Gómez, & Canto, 1995).

¿Es el mero hecho de la categorización (saberse perteneciente a un determinado grupo) capaz de disparar un comportamiento discriminatorio respecto a quienes no pertenecen a nuestro grupo?

En respuesta a esta pregunta Henri Tajfel (psicólogo británico conocido por sus estudios sobre el prejuicio y por ser el principal desarrollador de la Teoría de la Identidad Social) plantea en 1971 y en base a su trabajo experimental, el denominado **Paradigma del Grupo Mínimo o de las Condiciones Mínimas de Grupalidad** (Worchel, Cooper, Goethals & Olson, 2003).

El experimento de Tajfel, en el cual participaron 112 adolescentes de la escuela de Bristol (reproducido posteriormente con diferentes muestras en diferentes lugares del mundo) consistía, de forma resumida, en lo siguiente:

Tajfel proyecta, de forma individual a cada sujeto, 12 diapositivas: 6 con cuadros de Klee y 6 con cuadros de Kandinski. A continuación a cada sujeto se le pide que anote en un papel a cuál de los dos pintores prefiere (en la diapositiva no se especifica el nombre del autor). En función de su respuesta se les sitúa como miembros del grupo que prefería a Klee (Grupo A) o el grupo que prefería a Kandinski (Grupo B), pero se desconoce la identidad del resto de miembros: existe un completo anonimato de los miembros del grupo y una ausencia absoluta de interacción cara a cara entre sujetos, así como de cualquier clase de vinculo. Posteriormente, se les dice que tienen que repartir una cantidad de dinero entre gente de su grupo o del otro grupo. Para ello deben seleccionar alguna de las diferentes matrices de reparto que se les facilitan. Es importante destacar que este reparto no les afecta a ellos mismos: se deja claro desde un principio que ellos no percibirán nada del dinero que se reparte. Las 44 posibles matrices de reparto que los sujetos podían elegir se dividían fundamentalmente en 3 tipos:

- Matrices de Máxima Diferencia Endogrupal (MDE): El otro grupo se ve lo más perjudicado posible, a costa de que el propio grupo no obtenga los máximos beneficios.

- Matrices de Máxima Ganancia Endogrupal (MGE): El propio grupo se ve lo más favorecido posible, a costa de que el otro grupo sea también favorecido (en ocasiones incluso más que el propio)

- Matrices de Máxima Ganancia Conjunta (MGC): Procuran que ambos grupos ganen todo lo que puedan.

El resultado fundamental de esta serie de investigaciones queda resumido en una firme y constante tendencia a favorecer a los miembros del propio grupo (el 72´3% de los casos): a unos miembros que son anónimos, con los que no se ha interactuado, con los que no se sabe si comparten intereses, que no están revestidos de poder ni autoridad alguna para nosotros. Y es más, pese a disponer de otras alternativas que pueden acarrear beneficios parecidos, sus acciones tendieron, claramente, tanto a favorecer a los miembros del propio grupo como a perjudicar a aquellos que no pertenecen a él.

El favoritismo endogrupal (hacia el propio grupo) en una situación de grupo mínimo, ese es el gran descubrimiento de Tajfel. Una discriminación gratuita en favor del endogrupo y alejada de todo motivo que pudiese haberlo hecho razonable y justificable: interacción dentro del grupo, conocimiento de los miembros externos, etc. No existía nada de ésto

Existe la posibilidad de que el lector escéptico se pregunte si tal vez los sujetos prefirieron favorecer a aquellos con unos gustos artísticos similares a los suyos, pues ello constituyó la única duda razonable en el experimento de Tajfel. Para resolver este interrogante, en algunas de las posteriores revisiones este experimento se ha realizado <u>lanzando una moneda a cara o cruz</u>, delante de los sujetos para separarlos en grupo A y grupo B, obteniendo casi idénticos resultados.

Recordemos de nuevo el punto de partida: la sociedad en la que vivimos está tejida con la red de categorizaciones intergrupales. Esa red atraviesa de parte a parte el planeta justificando conflictos y legitimando relaciones de poder y sumisión. Exclusiones y discriminaciones que se pueden leer a diario en los periódicos: "Tribus cristianas matan a cientos de musulmanes en Nigeria" (Diario El País, 7 de mayo de 2004); "Soldados norteamericanos someten a prisioneros de guerra en Irak" (Diario El Mundo, 24 de abril de 2009); "Quiero convertirme en una metralleta humana contra los judíos" (Diario El País, 16 de enero de 2004); "Una cuarta parte de los adolescentes de Gaza quieren ser suicidas de mayores" (Diario El País, 16 de enero de 2004).

Desde 1971 y el experimento de Tajfel, han sido muchos los datos que nos han sido ofrecidos y que tenemos la obligación de no ignorar (Tajfel, 1984). No se puede ocultar el peligro que entraña agitar las aguas de la grupalidad, sacudir los sentimientos de la pertenencia grupal, remover las emociones de la horda. Día a día los maestros en el arte de la manipulación de medios nos bombardean con metralla ideológica recurriendo a las formas más primitivas de discriminación gratuita y caprichosa. Una realidad de la que es necesario que seamos conscientes y en la que podemos profundizar a través del estudio de la psicología de los grupos (Blanco, Becerra & de la Corte, 2005)

Capítulo 3
Phileas Fogg en el espacio.

Noel González Martínez

 Después de circundar el globo en 80 días, nuestro excéntrico caballero británico se sentía aburrido de vuelta en Londres. Buscando nuevos retos, decidió volver a apostar la mitad de su fortuna, con sus compañeros del Reform Club, a que él mismo conseguiría una hazaña todavía más extravagante. Ser el primer hombre en pisar la Luna…

Después de presentaros como grupo y sentar unas buenas bases para el futuro, es importante que llevéis a cabo actividades que os permitan interactuar de forma satisfactoria con los demás miembros del equipo. Esto facilitará la creación de vínculos y que os conozcáis mejor, aspecto fundamental para el rendimiento óptimo en el futuro. Es decir, que aumente la cohesión grupal tratada en el capítulo anterior.

Puede tratarse desde actividades informales fuera del ambiente de trabajo; como salir a tomar algo al finalizar la jornada laboral o planear una comida el fin de semana; hasta pequeños juegos que nos permitan pensar, discutir y tomar decisiones como equipo. Como ya has visto en la *Dinámica Alpha de cohesión grupal*, un ejercicio fácil puede cambiar completamente a un equipo. Estos esparcimientos serán como un entrenamiento para cuando tengamos que realizar cualquier tipo de labor. Tal vez puedan parecer "juegos de niños", pero nada más lejos de la realidad. Sí practicamos y conseguimos aprender cómo se comportan los demás miembros en estas situaciones, seremos capaces de adaptarnos unos a otros, es decir, seguimos trabajando la cohesión. De esta forma optimizaremos la toma de decisiones y el rendimiento en el futuro, generando sinergia positiva. Conocer a los miembros del grupo, saber cómo piensan, cuáles son sus puntos fuertes y sus debilidades y, por supuesto, reconocer nuestras propias posibilidades, lo cual nos otorga una gran ventaja a la hora de trabajar en equipo.

Dinámica NASA.

De cara a seguir aumentando la cohesión como grupo os voy a presentar la "Dinámica NASA". Este ejercicio os mostrará cuál puede ser vuestro rendimiento individual en tareas sencillas.

Ejercicio. Imagínate que eres un astronauta. Estás en una misión en la que viajarás a la Luna para llevar suministros a la base de investigación avanzada.

Estando próximo a tu destino la nave espacial comienza a tener problemas graves con el soporte vital y tienes que realizar un alunizaje de emergencia. Por culpa de este incidente te encuentras a 350 km de la base y gran parte del equipo que llevabas ha quedado inutilizable. Tu supervivencia depende de que puedas llegar a la base lunar.

Tu tarea consiste en seleccionar el material que resulte **MÁS IMPORTANTE** para llevarlo contigo. A continuación puedes encontrar una lista con los objetos que han quedado ilesos tras el accidente:

- ✓ Cerillas
- ✓ Alimentos concentrados
- ✓ 25 m de cuerda de nylon
- ✓ Seda de paracaídas
- ✓ Aparato de calefacción portátil
- ✓ Dos pistolas del 45
- ✓ Leche en polvo
- ✓ Varios tanques de oxígeno
- ✓ Un atlas o mapa del cielo
- ✓ Una canoa autoinflable
- ✓ Una brújula
- ✓ Cinco bidones de agua
- ✓ Pistola de cohetes de señales
- ✓ Botiquín de urgencias
- ✓ Receptor - emisor ultracorta, alimentado por energía solar

Tu tarea consiste en ordenar individualmente estos objetos de acuerdo con su importancia y utilidad para sobrevivir en la Luna. Para ello, con un lápiz debes escribir un 1 en la casilla de la derecha al objeto que consideres más útil, luego 2, 3... hasta un 15 para el que pienses que tiene menor utilidad. Debes guiarte por tus conocimientos generales y sentido común.

- ✓ Cerillas ☐
- ✓ Alimentos concentrados ☐
- ✓ 25 m de cuerda de nylon ☐
- ✓ Seda de paracaídas ☐
- ✓ Aparato de calefacción portátil ☐
- ✓ Dos pistolas del 45 ☐
- ✓ Leche en polvo ☐
- ✓ Varios tanques de oxígeno ☐
- ✓ Un atlas o mapa del cielo ☐
- ✓ Una canoa autoinflable ☐
- ✓ Una brújula ☐
- ✓ Cinco bidones de agua ☐
- ✓ Pistola de cohetes de señales ☐
- ✓ Botiquín de urgencias ☐
- ✓ Receptor - emisor ultracorta, alimentado por energía solar ☐

Esta dinámica tiene como finalidad comparar las diferencias entre el rendimiento individual y el grupal ante una misma tarea.

Ejercicio. Reúnete con tu grupo. Ahora deberéis poner en común vuestras propuestas y discutir en grupo hasta poneros de acuerdo en cuáles son los materiales más importantes. Cuando lleguéis a un consenso clasificaréis de nuevo los objetos.

✓ Cerillas ☐

✓ Alimentos concentrados ☐

✓ 25 m de cuerda de nylon ☐

✓ Seda de paracaídas ☐

✓ Aparato de calefacción portátil ☐

✓ Dos pistolas del 45 ☐

✓ Leche en polvo ☐

✓ Varios tanques de oxígeno ☐

✓ Un atlas o mapa del cielo ☐

✓ Una canoa autoinflable ☐

✓ Una brújula ☐

✓ Cinco bidones de agua ☐

✓ Pistola de cohetes de señales ☐

✓ Botiquín de urgencias ☐

✓ Receptor - emisor ultracorta, alimentado por energía solar ☐

El siguiente cuadro contiene las puntuaciones para la selección óptima de los objetos:

Objeto	Punt.	Argumento
Cerillas	15	De muy poca utilidad
Alimentos concentrados	4	Alimentación diaria necesaria
25 m de cuerda de nylon	8	Útil para arrastrar heridos e intentar una ascensión
Seda de paracaídas	6	Para proteger del Sol
Aparato de calefacción portátil	10	Necesario para la parte de la Luna no iluminada por el Sol
Dos pistolas del 45	13	Con ellas se puede intentar tomar impulso por reacción
Leche en polvo	7	Alimentación útil, mezclada con agua
Varios tanques de oxígeno	1	Muy necesario para la respiración
Un atlas o mapa del cielo	5	Necesario para orientarse
Una canoa autoinflable	9	Las botellas de CO pueden servir de fuerza impulsora para salvar simas, etc.
Una brújula	14	Inútil porque no hay campo magnético en la Luna
Cinco bidones de agua	3	Para evitar la deshidratación
Pistola de cohetes de señales	12	Señales de S.O.S. cuando se esté al alcance de la vista de una nave
Botiquín de urgencias	11	Curas, inyecciones y pastillas
Receptor – emisor ultracorta, alimentado por energía solar	2	Muy útil para pedir SOS e intentar comunicarse con la nave

Ejercicio. A continuación compara tus puntuaciones individuales y las de tu grupo con las puntuaciones óptimas.

Coloca tus puntuaciones individuales en la primera columna de la izquierda. La segunda columna corresponde a las puntuaciones óptimas. En la tercera debes escribir la diferencia entre la primera y la segunda.

Te lo ilustraré con un ejemplo: yo le he dado una puntuación individual de 6 (primera columna) al "mapa del cielo" y su puntuación óptima es de 9 (segunda columna). Por tanto en la tercera columna pondré un 3 que es la diferencia. Una vez que completes todas las diferencias debes realizar el sumatorio de toda la tercera columna. Haz lo mismo con el cuadro de las puntuaciones grupales.

☐	15	☐	Cerillas	☐ 15 ☐
☐	4	☐	Alimentos concentrados	☐ 4 ☐
☐	8	☐	25 m de cuerda de nylon	☐ 8 ☐
☐	6	☐	Seda de paracaídas	☐ 6 ☐
☐	10	☐	Aparato de calefacción	☐ 10 ☐
☐	13	☐	Dos pistolas del 45	☐ 13 ☐
☐	7	☐	Leche en polvo	☐ 7 ☐
☐	1	☐	Varios tanques de oxígeno	☐ 1 ☐
☐	5	☐	Un atlas o mapa del cielo	☐ 5 ☐
☐	9	☐	Una canoa autoinflable	☐ 9 ☐
☐	14	☐	Una brújula	☐ 14 ☐
☐	3	☐	Cinco bidones de agua	☐ 3 ☐
☐	12	☐	Pistola de cohetes de señales	☐ 12 ☐
☐	11	☐	Botiquín de urgencias	☐ 11 ☐
☐	2	☐	Receptor - emisor ultracorta	☐ 2 ☐
	☐		Individuo vs Grupo	☐

Ahora es el momento de comparar el rendimiento del individuo y el grupo. Es muy probable que el sumatorio de la puntuación grupal sea menor que el de la individual. Esto indica un mejor rendimiento grupal.

En algunas ocasiones, sin embargo, nos encontramos con puntuaciones individuales que puedan ser mejores que las del grupo. No obstante, la norma es que la ejecución del grupo sea superior a la de cada integrante por separado en este tipo de tareas y en muchas otras.

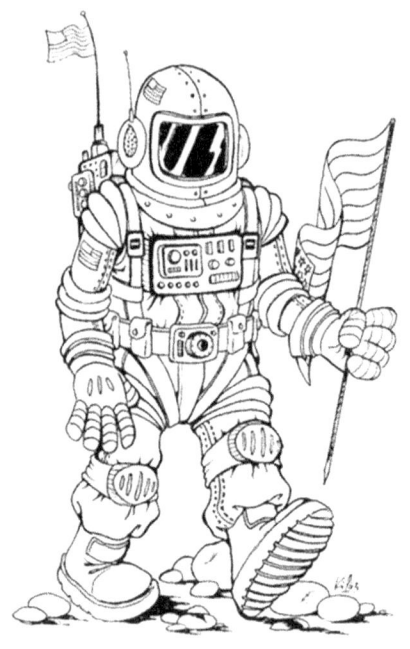

Es posible que pienses que toda esta actividad no vale de nada y, realmente, tienes razón. No tiene ninguna utilidad práctica en la vida real. Puede que no desees volver a repetir esta expedición lunar, pero de regreso a casa te das cuenta de que has obtenido algo. Has aprendido una importante lección para tu futuro: el rendimiento grupal es superior al individual en casi cualquier situación. Lo has comprobado por ti mismo. Tras tantos kilómetros alejado de tu hogar y tras superar una auténtica odisea de supervivencia, has tenido tu recompensa.

Para cerrar el capítulo me gustaría aclarar una idea sobre la dinámica Nasa. Se podría pensar que la clasificación de algunos de los elementos es arbitraria y no respeta las leyes de la ciencia que nos encontraríamos en la Luna. Pero el objetivo de esta dinámica es ver las diferencias entre individuos y grupos en la ejecución de un ejercicio en el que nadie disponga de muchos conocimientos previos. La lista solo es una guía para la corrección y para que no exista discusión sobre como debería ser la ordenación.

"El talento gana partidos, pero el trabajo en equipo y la inteligencia ganan campeonatos"

(Michael Jordan)

Capítulo 4
La fábula del oso y la colmena.

Alfonso Fernández Vázquez

El ejército y la reina salieron inmediatamente de la colmena ante los gruñidos provenientes del exterior.

– ¡Dadme vuestra miel! – grito enfurecido el robusto oso. – O con mis enormes zarpas os la quitaré por la fuerza.

– No te tenemos ningún miedo – respondió de inmediato la abeja reina. – Pues bien sabe cualquier animal de este bosque, que **la unión hace la fuerza**, y todas juntas podemos vencerte.

– ¡Cállate insecto! Robaré la miel, queráis o no.

El desafío había sido lanzado...

El viaje espacial que realizaste en el capítulo anterior no fue un mero pasatiempo. Entraña una valiosa lección. Los resultados de la ejecución de esa dinámica, en la mayoría de los casos, son superiores si se hacen en grupo que de manera individual. Puedes volver a revisar tus resultados y los de tus compañeros para verificar que si ha sido así.

¿Por qué ha ocurrido esto? ¿Hay una explicación para estas diferencias? La respuesta se encuentra en la **naturaleza** de la tarea (González, 1997). Vamos a profundizar en esta idea.

Podemos clasificar las tareas según sus características. Sin embargo, este capítulo está destinado a que observes qué tareas son las más favorables para realizarse de forma individual y cuáles en grupo (Sánchez, 2002; Blanco, Becerra y De La Corte, 2005). Es por ello que te presento las tareas en categorías que te permitan ver de forma clara cómo han de realizarse para obtener el mejor resultado posible.

Tareas en las que el rendimiento grupal es superior al individual.

Aunque no todas las tareas están dentro de este bloque, te aseguramos que las más frecuentes y predominantes se encuentran aquí.

1) Tareas divisibles. El primer tipo de tareas en las cuales el trabajo en grupo tiene un mejor resultado que el individual son las tareas divisibles.

En las tareas divisibles se incluyen toda clase de trabajos que **se pueden descomponer** en otros más simples.

Un ejemplo sería el construir una casa. Esta tarea puede dividirse en trabajos de albañilería, de carpintería, de fontanería, de electricidad... Y podrías seguir dividiendo cada uno de estos trabajos. Por ejemplo, la carpintería en realizar las puertas, los muebles de la cocina, las camas de los dormitorios... Hacer una casa es una tarea claramente divisible.

Ahora reflexiona por un instante... ¿es mejor hacer esta tarea en grupo o individualmente?

Piensa que si varias personas construyen la misma casa, ahorraremos tiempo, ya que muchas tareas se pueden hacer de forma simultánea. Pero no sólo eso. Contratarías a un arquitecto, un carpintero, un albañil, un electricista, un fontanero... Todos expertos en su trabajo. Han realizado el trabajo ya en otras ocasiones y conocen qué deben hacer. Si optas por realizar tu casa de forma individual, mediante una única persona, es muy complejo encontrar un especialista en tantas áreas y con la misma pericia que todos los profesionales anteriores. Incluso en el remoto supuesto de que encontrases a alguien de estas características, la primera razón nunca sería salvable.

2) Tareas optimizadoras. Un segundo tipo de tareas en las que el grupo obtiene un mejor resultado que el individuo son las optimizadoras.

> Las tareas optimizadoras persiguen **la calidad**

No obstante, debemos hacer un pequeño matiz. Son las tareas optimizadoras complejas aquellas en las que debes optar por trabajar en equipo. Te pongo un nuevo ejemplo. Queremos diseñar un edificio. Si nos fijamos, los buenos equipos de diseño de rascacielos se componen de individuos de múltiples disciplinas, como arquitectos, ingenieros, diseñadores… ¿Acaso podría realizar ese trabajo un único arquitecto? Podría, pero tú y yo no hablamos de posibilidades. Hablamos de **calidad**. Queremos lo mejor. Por eso, estos equipos trabajan codo con codo. Siempre se efectúan correcciones en base a los conocimientos que presenta cada individuo. Además, surgen nuevas ideas y los miembros aportan experiencia de otros diseños anteriores.

Podemos concluir que siempre que busquemos calidad en una tarea compleja, debemos decidirnos por los equipos de trabajo.

3) Tareas maximizadoras.

> Si antes se perseguía la calidad, ahora buscas la
> **cantidad**, el mayor número posible.

Imagínate que te han encomendado la distribución de impresos publicitarios de una nueva tienda en un centro comercial. Te explican que dispones de todos los impresos que precises, no se van a agotar. Tu función es distribuir los máximos posibles en una semana, que es la fecha de apertura del establecimiento. ¿Cuántos podrías distribuir? Puedes pensar en un número que consideres realista si lo deseas.

Retomemos la situación. En este momento, decides hablar con cuatro amigos tuyos. Les comentas la tarea y éstos se ofrecen a ayudarte distribuyendo la publicidad. Vuelve a preguntarte, ¿cuántos podríais entregar? Piensa que ya vas a repartir la cifra anterior – individualmente – más todos aquellos impresos que entreguen tus amigos. En síntesis, siempre que nuestro objetivo sea la cantidad, la mejor manera de realizar ese trabajo es de carácter grupal.

4) Tareas aditivas.

> Las tareas aditivas aquellas en las que se **suman los
> esfuerzos de cada individuo**.

Voy a ilustrártelo. En este momento, y con mi nueva situación laboral, me veo obligado a mudarme a un piso en el centro de la ciudad. ¡Empiezo a realizar la mudanza! En el salón de mi antigua casa, hay un sofá. Un sofá azul, de terciopelo, muy cómodo en el cuál sentarme al llegar cansado en el trabajo. Lógicamente, quiero llevármelo al piso nuevo. Pero hay un problema: es muy pesado. De hecho, no puedo llevarlo yo sólo hasta el camión de la mudanza. Pero a mi lado está un amigo, que se ha ofrecido a ayudarme con el traslado. Nos disponemos a levantar el sofá, y aunque sigue siendo pesado, la carga es menor porque está repartida entre los dos. Claro, el esfuerzo que tengo que hacer es menor. Finalmente, conseguimos meter el sofá en el camión. ¿Qué hemos aprendido? Mi esfuerzo solo es inferior al que puedo dar junto con el de otra persona. Todo denuedo de otras personas es adicional. A continuación, te mostraré aquellas tareas en las que el rendimiento del grupo y el del individuo es similar.

Tareas en las que el rendimiento grupal es similar que el individual.

Tenemos tres tipos de tareas en las que los resultados son iguales independientemente de la forma de ejecución.

1) Tareas unitarias. Son antagonistas a las tareas divisibles, vistas en la sección anterior.

> Las tareas unitarias son aquellas que **no se pueden descomponer** en otras más simples.

Como ejemplo te pondré la labor de leer un libro. Puedes hacerlo de dos maneras, al menos. Una es leerlo en tu casa o en una biblioteca tú solo. La segunda opción es, en un club de lectura, en el que leas el libro en grupo. Es importante recordar que la tarea es leer el libro. No es válido que cada miembro lea unos capítulos y luego se lo cuente a los demás. Físicamente estás allí. Una persona lee una fracción del libro mientras los demás siguen la lectura en voz baja. Cuando esa persona termina su fragmento o se agota, otro lo releva, y así hasta finalizar el libro.

¿Qué premia en este caso? ¿El individuo o el grupo? ¿Se ha realizado igualmente la tarea? Piensa en la forma de hacerlo. En ambos casos has tenido que leer, bien sea por tu cuenta o siguiendo la lectura en voz baja. La tarea está realizada. Si el ritmo de lectura de los otros miembros es similar al tuyo, posiblemente te haya llevado el mismo tiempo. Al final, no has encontrado diferencias significativas. Es por ello que en este tipo de tareas es indistinto trabajar de manera grupal o individual.

2) Tareas optimizadoras. En el anterior bloque fueron examinadas ya. Sin embargo, nos centrábamos en aquellas tareas que eran complejas. En estas líneas analizaremos las simples. Este tipo de tareas pueden realizarse indistintamente en grupo o individualmente. A continuación verás por qué. Te pido que resuelvas el siguiente problema:

$$2 + 3 = \boxed{}$$

¿Tienes ya la respuesta? Ahora compara tu ejecución con la que tendría lugar en un grupo. En condiciones normales llegaríais al mismo resultado. Es una operación sencilla. Tenéis los conocimientos necesarios para conseguirlo. Así que, ¿cuál es la diferencia entre resolver esta suma en grupo o individualmente?

> En tareas simples en las que buscamos la calidad, es indistinto emplear el grupo como metodología de trabajo o hacer estas tareas a nivel individual.

3) Tareas disyuntivas. Esta categoría se estudió profundamente por expertos, y aun pueden subdividirse más debido a su complejidad. No obstante, te sintetizaré el concepto.

> Podemos decir que las tareas disyuntivas son aquel tipo de tareas en las que **sólo es preciso que uno de los miembros** alcance el resultado final.

En este caso nos sumergiremos en el ámbito científico para ilustrarlo. En este momento estamos en un laboratorio científico. Nuestro equipo se compone de cuatro miembros. Llevamos meses investigando en un virus mortal. Actualmente no se ha descubierto la cura. Nuestro trabajo consiste en hallar una vacuna para erradicar el microorganismo. Nos disponemos a realizar pruebas, estudios y ensayos clínicos... Finalmente, uno de los miembros descubre la cura. Es más, esta es efectiva en humanos, por lo que se comercializará próximamente. ¡Hemos vencido al virus!

¿Hemos...? Sí. Podemos usar el plural en nuestra afirmación. Pese a que un único miembro alcanzó la vacuna para este microorganismo, todo el equipo es el que triunfa. Todo el grupo alcanza un resultado satisfactorio, al cumplir con la tarea encomendada.

¿Por qué decimos que las tareas disyuntivas pueden abordarse indistintamente en grupo que de carácter individual? Porque, siguiendo con nuestro supuesto, un investigador único – que no pertenece a un grupo de investigación – descubriese de forma autónoma la vacuna, ¿no tendríamos el mismo resultado? Hemos obtenido el resultado deseado, tanto individualmente como en grupo. Se alcanza la meta. Es por eso, que en tareas de esta naturaleza podemos abordarlas como individuo o como grupo.

Tareas en las que no podemos predecir si es mejor el rendimiento grupal o individual.

En este bloque explicaremos las dos últimas clases de tareas.

1) Tareas compensatorias.

Las tareas compensatorias son aquellas en las que el resultado final es la **posición media** de las aportaciones individuales.

Observa el siguiente ejemplo. Has viajado a unos acantilados durante una tarde libre que has tenido, con dos amigos más. Os acercáis al borde y observáis hacia abajo como las rocas rompen las olas del mar. La altura es considerable e incluso imponente. No es extraño que alguno de los viajeros pregunte por la altura del acantilado. En ese momento, cada uno dice una altura. Usa tu imaginación. El primero en responder es tu mejor amigo y considera que mide 100 metros. Tú sorprendido respondes inmediatamente que es mucho, que mide 60 metros. Finalmente, tu otro amigo, el que preguntó, dubitativo opta por decir que mide 80 metros. Así que, si aceptamos las estimaciones de los tres, la media de las estimaciones nos dice que mide 80 metros.

A continuación, observáis en el panel descriptivo que está donde habéis estacionado vuestro vehículo. Con las prisas, no habíais leído su contenido. Ahora, ya con más tiempo, os ponéis a mirar y os fijáis en unas líneas:

"Este acantilado [...], alcanza una altura de 100 metros".

Analicemos una a una las distintas aportaciones. Tu mejor amigo consideró que la altura era de 100 metros, por lo que su estimación era la adecuada. Piensa que su rendimiento individual fue mejor el grupal (80 metros). Ahora analicemos tu caso. Decidiste optar por una altura menor, sobre 60 metros. La diferencia con la altura real es de 40 metros. Muy lejos. Tu ejecución en grupo (20 metros de diferencia) es mayor que la individual. En tu caso, el rendimiento grupal supera al individual. Y finalmente, tu otro amigo optó por 80 metros, exactamente la misma cifra que la media de vuestras aportaciones. El rendimiento grupal es el mismo que el individual, por lo que es indistinto optar por cualquiera de ambas opciones.

¿Qué conclusión obtenemos? No podemos predecir si el rendimiento grupal será mejor, igual o menor que el individual. No tenemos ninguna certeza sobre qué estrategia de trabajo nos dará un mayor beneficio.

2) Tareas conjuntivas.

Las tareas conjuntivas se definen como aquellas en las **que todos sus miembros deben alcanzar el objetivo**.

Las carreras de relevos son un buen ejemplo de este tipo de tareas. Esta competición olímpica consiste en que cuatro corredores han de recorrer una distancia determinada traspasándose un instrumento cilíndrico llamado testigo. El primero le entrega el testigo al segundo tras recorrer su distancia, luego el segundo al tercero y el tercero al cuarto. En ese momento, el cuarto corredor corre hasta la meta y el que la cruce en primer lugar gana la carrera. ¿Quién ganaría, un corredor que recorre toda la distancia, o hacer la carrera por relevos? ¿Quién ejecuta mejor la tarea?

A priori contestamos que el equipo. La fatiga será mayor si un individuo tiene que recorrer la misma distancia que cuatro atletas. Pero imaginémonos que un atleta del equipo cae al suelo, su ejecución es mala o se le cae el testigo y tiene que recogerlo. Probablemente, aun fatigado, el corredor alcanza la meta antes que el equipo rival. En el reparto de responsabilidades puede sucede que no todos los individuos ejecuten su tarea de forma óptima. Y si falla uno de los integrantes, el equipo fracasa. Pueden obtener un buen rendimiento, mejor que el de carácter individual, pero también puede ocurrir lo contrario.

Llegados a este punto, hemos acabado de examinar los diferentes tipos de tareas.

¿Qué debes hacer tú con esta información?

Clasificar tus tareas. Una vez distingas qué clase de labor tienes entre manos, debes conocer cuál es la mejor opción: individuo o grupo. La tabla de la siguiente página resume todo lo explicado en este capítulo. Para finalizar esta sección te doy una pequeña regla:

Si persigues cantidad, máxima calidad y creatividad no lo dudes: has optar por el grupo como elección de trabajo.

Tareas para realizar en grupo	Tareas para realizar de manera individual o grupal indistintamente	Tareas de las que desconocemos si el grupo es mejor que el individuo
Divisibles	Unitarias	Compensatorias
Maximizadoras		
Optimizadoras complejas	Optimizadoras sencillas	Conjuntivas
Aditivas	Disyuntivas	

Tabla 1. Clasificación de las tareas según su indicación metodológica.

"El trabajo en equipo es el combustible para el vehículo del logro"
(Anónimo)

Capítulo 5

Ermitaños, pedigüeños y otras criaturas mitológicas.

Alfonso Fernández Vázquez

 El centauro se adentró en el recinto. Sabía que si quería obtener las manzanas de oro de la ninfa Deyanira debería de ser sigiloso. Además, aquello no era un simple jardín.

En su interior albergaba criaturas temidas por cualquier ser. Los rumores hablan de un híbrido entre un humano y una lechuza, conocido como el ermitaño. Nunca se deja ver. Vive alejado de todas las demás criaturas del mundo. Nadie ha llegado a oír nunca su voz…

Desde el escondrijo, Teocles el Centauro ve como el árbol estaba siendo custodiado por los pedigüeños. Criaturas desquiciantes. Antaño eran hombres, pero su descaro y sinvergonzonería los asemejan más a aves carroñeras, similares a buitres. En sus manos poseen un aguijón potente, como el de un escorpión, a través del cual chupan la sangre de sus enemigos.

- ¿Cómo me voy a enfrentar a estos monstruos? – dijo Teocles - ¿Acaso no puedo hacer nada?

Nadie duda que nuestro rendimiento está influido por muchos elementos. Estas variables pueden mejorar nuestra ejecución o dificultarla, crear un ambiente cálido o tenso o aumentar o disminuir nuestra creatividad, entre otros efectos. Si pudiésemos detectar e intervenir sobre estos componentes, podríamos eliminarlos o adicionarlos a nuestro antojo para darnos una ventaja que mejore nuestro rendimiento. Como recoge nuestra frase introductoria, la suma de pequeñas ventajas diferenciará nuestro resultado final del que obtengan otros grupos que ignoren estos factores.

En este capítulo analizaremos tres grandes categorías de variables que influyen en el rendimiento grupal:

A) El contexto

B) Los roles

C) La influencia social

El contexto.

Podemos definir este término como la agrupación de circunstancias y elementos que rodean una situación. Debido a que es un concepto muy amplio y que abarca a innumerables componentes, analizaremos tres secciones que lo integran.

El entorno físico.

En este apartado se incluyen todos aquellos elementos que, aun siendo **ajenos a los individuos** y al grupo, están influyendo en nuestra ejecución. Seguramente te vengan a la mente varios ejemplos de posibles elementos que integran esta categoría. Te propongo que realices el ejercicio de esta página. Como punto de partida te presento una situación cotidiana. Imagina que estás con tu equipo de trabajo en un piso en el centro diseñando la publicidad para una nueva empresa textil. Esta labor necesita de altas dosis de creatividad, ya que es necesario captar la atención del público con una simple mirada al anuncio. Todo está calmado hasta que, de repente, empiezan los trabajos de las obras en la acera de esa avenida. Escuchas distintas herramientas trabajando, y el ruido es insoportable. Te levantas de tu silla y cierras la ventana. No obstante, el ruido sigue siendo notorio. Pese a ello, debéis seguir trabajando…

¿Es el ruido un elemento del entorno físico que afecta a nuestro rendimiento?

 Ejercicio. Escribe todos los elementos ajenos a la persona y que se encuentran en tu entorno que influyen en el rendimiento grupal.

✓ Ej: *Ruido*…

A continuación encontrarás una lista de elementos que integran esta categoría. Hay muchos más. Sin embargo los que te propongo suelen ser los más frecuentes y comunes en la vida diaria.

 **Lista.** Elementos ajenos a la persona y que se encuentran en tu entorno que influyen en el rendimiento grupal.

✓ Ruido
✓ Vibraciones
✓ Temperatura
✓ Humedad
✓ Luminosidad
✓ Color
✓ ...

✓ Altitud
✓ Presión
✓ Hacinamiento
✓ Tamaño del espacio
✓ Olores/Perfume
✓ Niveles de plomo y mercurio

Entre todos esos elementos te quiero destacar uno: el color. Hay varios estudios que demuestran la influencia de esta variable en nuestro rendimiento (Stone & English, 1998). Cuando la decoración es azul, transmite serenidad y tranquilidad, mejorando la creatividad y productividad. El color rojo aumenta nuestro estado de alerta. Entre sus ventajas se encuentra una mejor ejecución en determinadas tareas, especialmente las que requieren de elevada atención.

Sin embargo, eso incide en la aparición de conflictos y aumenta la tensión de los miembros.

En este momento tú tienes la batuta de tu rendimiento. Es cierto que habrá elementos que no puedas modificar (Cembranos & Medina, 2003). No puedes paralizar unas obras en la vía pública, ni pintar las paredes de una oficina cada vez que realicemos una nueva tarea. No obstante, revisa la lista anterior. Hay muchos elementos que puedes modificar. Hazlo.

> Todo aquello que pueda suponer una ventaja para tu equipo has de materializarlo.

El tamaño del grupo.

¿Cuál crees que es la composición ideal de un grupo? Piénsalo detenidamente. Quizás un número reducido de miembros haga que os coordinéis mejor. Pero también un número alto permite hacer más labores… (Huici, 2012) ¿Cuál es la respuesta a esta pregunta?

Depende del tipo de tarea. Esa es la respuesta. Si queremos una tarea maximizadora, puede que un número alto de miembros nos permita obtener un rendimiento mayor. Pero en una tarea de calidad, posiblemente un número reducido pero bien coordinado suponga una ventaja. Observa la gráfica de siguiente página.

Quiero que traces con un lápiz una cruz en el punto más alto de esta curva. Una vez realizado esto, traza una línea horizontal y otra vertical desde ese punto hasta los dos ejes de la gráfica. ¿Lo tienes?

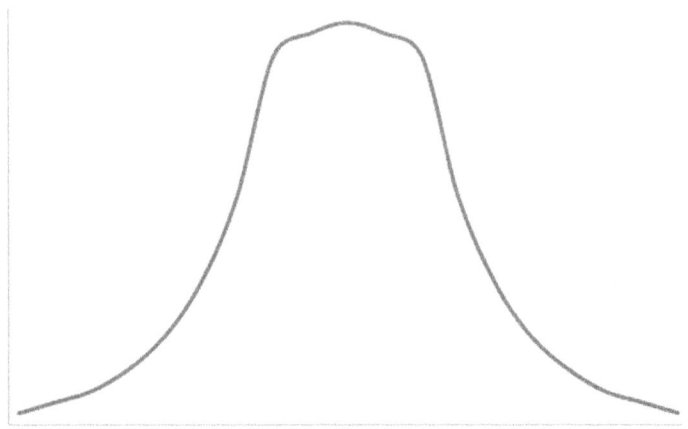

Gráfica 1. Rendimiento del grupo en función del número de miembros.

Esta gráfica explica qué ocurre cuando adicionamos miembros al grupo para realizar una tarea. El eje de abscisas o eje x, indica el número de individuos. A medida que avanzamos por este eje hacia la derecha estamos aumentando el número de sujetos. El eje de ordenadas o eje y, indica el rendimiento del grupo. Si progresamos de abajo hacia arriba nuestro rendimiento es mayor. ¿Qué sucede en los equipos de trabajo?

Copia esta gráfica en una hoja aparte para poder seguir esta explicación.

A medida que adicionamos individuos, avanzando en el eje de abscisas, nuestro rendimiento aumenta. Continuamos incorporando miembros al grupo y el rendimiento sigue aumentando hasta alcanzar un nivel máximo, conocido como **"punto óptimo de rendimiento grupal"**. Indica que el máximo número de miembros de un grupo para obtener el mayor rendimiento posible. El punto óptimo de rendimiento grupal es el que has marcado con tu lápiz con una cruz en el punto más alto. A partir de este indicador, si seguimos añadiendo individuos, el rendimiento decae.

La razón de este fenómeno es muy simple. Para ejecutar una tarea hay un número óptimo de individuos. Si tenemos menos miembros, el grupo no obtiene el mejor resultado por falta de recursos humanos. Si tenemos más miembros, hay un colapso en la ejecución, disminuyendo el resultado esperado.

Por lo tanto, cada tarea requiere de un determinado número de individuos. No podemos generalizar y determinar un número concreto (Muller, 2006).

No obstante, para equipos de trabajo de alto rendimiento, debido a las características de las tareas que se les suele encomendar, su composición óptima oscila entre **4 y 6** individuos.

Para finalizar este pequeño apartado te pido que reflexiones en las siguientes líneas. Si bien es cierto que hay un número de miembros ideal, no podemos concluir que todos los miembros son iguales. Hay personas que trabajan más arduamente que otras.

Los números son importantes, pero no determinantes.

No te centres exclusivamente en la cantidad de tus miembros, pensando que eso será determinante en tu ejecución. **Asegúrate de que sean trabajadores de calidad.**

En ocasiones, un grupo por debajo del número de integrantes óptimo, alcanza más rendimiento que otro con este número.

Las explicaciones a estos fenómenos serán contestadas en el apartado de los roles, pero considero importante que actives tu capacidad crítica y analítica a lo largo de la lectura de este libro.

Entorno personal y social.

Esta última sección cierra la variable del contexto. Hemos analizado los elementos ajenos al grupo. Pero, ¿y los elementos que fundamentan el grupo?

Podemos definir esta categoría como todos los rasgos y situaciones que están implícitos en el grupo y afectan a éste.

A continuación, tienes un ejercicio muy similar al que realizaste en el apartado *Entorno físico*. Voy a darte un ejemplo de nuevo para facilitar el inicio de la tarea. ¿Consideras que un individuo amable afecta al rendimiento del grupo? ¿Y si fuese un individuo arisco?

 Ejercicio. Escribe todos los elementos de la propia persona que influyen en el rendimiento grupal.

   ✓ Ej: *Amabilidad, aspereza...*

En la página siguiente encontrarás una nueva lista propuesta con los elementos más frecuentes de esta sección.

Lista. Elementos de la propia persona que influyen en el rendimiento grupal.

✓ Amabilidad	✓ Aptitudes
✓ Aspereza	✓ Autoritarismo
✓ Confianza	✓ Integración
✓ Asertividad	✓ Ansiedad
✓ Actitudes	✓ Individualismo
✓ Cohesión	✓ Feedback
✓ Exclusión	✓ Comunicación
✓ Personalidad Tipo A	

Entre estos elementos quiero destacarte la personalidad Tipo A. Los sujetos con este tipo de personalidad suelen ser perfeccionistas y responsables con el desempeño de sus labores. Suelen ser líderes directivos. No obstante, también crean tensiones dentro del grupo. Su interés radica exclusivamente en la tarea, y suelen surgir conflictos negativos. Debido a sus actuaciones, los miembros del grupo se ven afectados negativamente y, en consecuencia, el rendimiento decrece (Polaino-Lorente, Cabanyes & del Pozo, 2003).

Durante estas páginas se analizaron de forma sencilla los distintos elementos del contexto que afectan al rendimiento del grupo. A continuación se examinará la segunda categoría que presentábamos al comienzo del capítulo.

Los roles.

Seguramente has escuchado esta palabra en numerosas ocasiones. Es posible que conozcas algún juego de rol, por ejemplo el ajedrez. El ajedrez es el mayor exponente de los juegos de rol. Se denomina así debido a que cada pieza tiene una función distinta y representan un papel. Por ejemplo, los peones simbolizan la infantería de un ejército, y se mueven hacia adelante. La caballería se representa con los caballos, y su movimiento es en forma de L. Cada pieza tiene sus propias características. Por eso se denomina juego de rol. Pero es más, el propio jugador adopta el rol de comandante, al encomendar la disposición de sus regimientos en el campo de batalla o tablero. El usuario está asumiendo funciones específicas para esa situación.

> Dentro de los equipos de trabajo, podemos definir rol como el conjunto de conductas, obligaciones y derechos que corresponden a los ocupantes de una determinada posición dentro del grupo.

Podemos decir, con total seguridad, que hay tantos roles como individuos (Mapcal, 1998). El motivo es que no hay dos individuos que se comporten exactamente igual. Tendrán sus semejanzas, pero también habrá diferencias. Sin embargo, podemos extraer varias características relevantes de esos comportamientos y etiquetarlos con una denominación.

Múltiples autores han clasificado los roles de formas distintas: roles generales y roles individuales, roles formales y roles informales… Hay una clasificación muy empleada que los distingue según sus conductas observables. Existen tres categorías:

1. Tarea
2. Relación
3. Individual.

Los **roles de tarea** son comportamientos que se dirigen, fundamentalmente, hacia el trabajo. Buscan la eficiencia del grupo y que el resultado final sea excelente. Aportan ideas, son laboriosos, buscan información…

Los **roles de relación** son comportamientos que se enfocan hacia las relaciones de los miembros. No es un secreto que si un individuo está en un ambiente agradable, rodeado de personas con las que presenta relaciones amistosas, la ejecución de su trabajo será mayor. Las personas que presentan estos roles inciden en las relaciones sociales intragrupales. Algunos comportamientos son preocuparse por los demás, aceptar decisiones para no poner en peligro al grupo, calmar la situación…

Por último, los **roles individuales** son comportamientos que no se centran ni en el trabajo ni en las relaciones de sus miembros. Son denominados *hurdles behavior* o comportamientos obstáculos. Para entenderlo debemos trasladarnos al atletismo. Una de las pruebas son los 110 metros vallas. Los corredores deben recorrer esta distancia saltando los obstáculos que se le presentan. Si nos fijamos en los tiempos, los corredores irían más rápido si no tuvieran que superar estas barreras. Tienen que superar impedimentos o lastres que se encuentran.

Los roles individuales son exactamente eso: **barreras**. Por ello tienen esa denominación, *hurdles behavior.* El grupo puede alcanzar igualmente la meta, pero ha de superar esos obstáculos que suponen los comportamientos individuales de miembros del grupo. No obstante, el precio que paga el grupo es mayor. ¡Y ojalá fuera sólo tiempo!

Los roles individuales empeoran el resultado final, dañan las relaciones de los miembros, afectan al clima de trabajo...

¿Cómo podemos distinguir un rol individual? Puedes tener, como referencia, al bromista del grupo que únicamente realiza comentarios fuera de lugar en todo momento, siendo su aportación al grupo nula, y afectando negativamente al resto de los miembros.

A continuación examinaremos algunos de los posibles roles que nos podemos encontrar en un equipo de trabajo.

 Ejercicio. Realiza en una hoja aparte las siguientes tareas con respecto a los nueve roles que se te presentarán en las próximas páginas.

1. Determina qué tipo de rol se te presenta (tarea, relación o individual).

2. Imagínate el comportamiento y asócialo con una persona que conozcas que manifiesta ese comportamiento.

3. Razona cómo puedes aprovechar o evitar las consecuencias de esos comportamientos en tu equipo de trabajo.

Rastreador.

El primero es el rastreador. Fíjate en la imagen de esta página. ¿Es un rol de tarea, de relación o individual?

El rastreador es aquella persona que está continuamente recogiendo evidencias e información que sean útiles para la ejecución del trabajo, para que éste sea de la mayor calidad posible. Indaga, examina, estudia minuciosamente...

Efectivamente, es un rol de tarea. Este rol ha servido de ejemplo del procedimiento que has de realizar en los restantes. Intenta familiarizarte con ellos e imagínatelos. En los sucesivos roles, las explicaciones serán más concisas.

El autoconfesor.

El individuo que presenta este conjunto de comportamientos trata de distraer al grupo relatando situaciones propias o ajenas sobre una temática. Es muy frecuente las aportaciones con el patrón *"a mí me pasó esto"* o *"tengo un familiar que..."*.

Las consecuencias de este comportamiento son negativas. Hay un desvío de la atención y se producen continuas pausas y reanudaciones de la tarea que complican el avance de la misma. Evidentemente, es un rol individual.

Opinante.

Como la propia etiqueta indica, el individuo con este rol da su opinión sincera sobre la temática a trabajar. Son opiniones reflexivas, bien argumentadas y que persiguen la mejora y el progreso de la tarea.

Es un rol de tarea muy apreciado hoy en día en las empresas, ya que sus aportaciones son muy valiosas.

Pedigüeño/Viajar gratis.

Todos nos hemos encontrado con alguien que presenta este rol en alguna ocasión.

Podemos estereotiparlo con aquella persona que

siempre está solicitando ayuda o ciertos recursos, y sin embargo, su aportación es nula. Para ejemplificarlo, en el mundo académico siempre está el alumno que nunca va a clase, pero a la hora de los exámenes, pide apuntes a sus compañeros. Sin embargo, aquellos que le prestan su material no obtienen beneficio, ya que no tiene nada que pueda emplear como contraprestación. Por eso, se le conoce como el pedigüeño o viajar gratis.

¡Has acertado! Es un rol individual.

Armonizador.

El individuo con este rol persigue que todo funcione correctamente. Busca la armonía dentro del grupo. Se centra en que no haya discrepancias dentro del mismo. Por eso, se le compara al director de una orquesta, que con su batuta consigue que todos los demás  integrantes puedan trabajar de forma ordenada y en sintonía para realizar un trabajo excelente.

Este rol se clasificaría como un rol de relación.

Seguidor.

Este rol se caracteriza porque el individuo que lo presenta acepta opiniones de otros miembros sin valorar si pueden ser buenas aportaciones o no. No analiza las intervenciones. Únicamente las acata. Se guía por quién aporta en lugar de qué aporta.

Es un rol de relación, pero con una particularidad. Este rol es negativo. No debemos permitir que este comportamiento aflore en nuestro grupo, ya que el trabajo se vería comprometido si se aceptaran decisiones sin una previa valoración.

Elaborador.

Claramente un rol de tarea. Este individuo está aportando nuevas ideas, trabaja constantemente para alcanzar el resultado…. Todos sabemos qué es un elaborador.

Es fundamental en un grupo poseer miembros que desempeñen este rol. Estos sujetos producen un adelanto en las tareas que se tienen encomendadas al grupo.

Play Boy.

Este rol se refiere a todo tipo de comentarios que distraen de la tarea en tono de humor. No tiene que tener, expresamente, connotaciones de índole sexual.

Encajaríamos aquí al típico bromista que todos hemos conocido alguna vez.

Pese a que puede ser por momentos divertido y animar al grupo, no da ninguna aportación y es una barrera para el funcionamiento del grupo. Es un rol individual.

Iniciador.

Bajo las caricaturas de Bill Gates y Steve Jobs podemos discernir qué implica este rol. Son comportamientos de iniciativa, creatividad, de estar presto para intervenir. Son los primeros en dar aportaciones, ideas… Se podría decir que son los que

suelen "romper el hielo". Además, sus aportaciones son muy importantes para el grupo. Se les tiene en alta consideración y estima dentro del grupo. Este último rol, evidentemente, es un rol de tarea.

Finalizado este apartado, quiero volver a incidir en la idea de que existen una infinidad de roles, y cada uno de ellos repercuten en el funcionamiento del equipo de trabajo. Sin embargo, quiero resaltar el carácter dinámico que presentan los roles. Una persona no tiene los mismos comportamientos y conductas toda la vida. Es posible que incluso en dos tareas similares, dependiendo de un cúmulo de variables, su rol varíe.

Debes reforzar los roles realmente beneficiosos para el grupo, así como eliminar los perjudiciales.

De esta manera, los miembros de tu equipo adoptarán funciones más beneficiosas y que traen recompensas tanto de carácter individual como grupal.

La influencia social.

Pregúntate qué es la influencia social. Probablemente, tu conclusión no difiera de lo que realmente es. La influencia social es el efecto que tienen los demás en nosotros. Éstos pueden ser muy diversos, pero hay una premisa: todo efecto altera un resultado.

Y es que la influencia que ejercen los demás en nosotros se verá reflejada en conductas observables que, en este caso, están estrictamente relacionadas con los resultados de nuestro trabajo (Turner, 1990; Gil & Alcover, 1998).

Según el efecto que ejerce en nosotros, la influencia social puede ser de facilitación o inhibición. Puedes comparar esta variable con un pasillo mecanizado. Es muy frecuente encontrarlo en los aeropuertos, y es similar a las escaleras mecanizadas pero sin escalones. Si circulamos por ella, con el mínimo esfuerzo llegamos al final del destino, nos *facilitan* la marcha. Esta es su función, hacer más sencillo el desplazamiento que sin dispositivos mecánicos.

Pero imagínate la situación contraria. Ahora te desplazas a contracorriente, en sentido contrario a la dirección programada para la rampa. ¿Realmente nos está ayudando? Es más, ¿es más productivo recorrer la distancia sin pasar por este dispositivo? Piensa en todo el esfuerzo adicional que tienes que hacer. En este supuesto, esta herramienta nos *dificulta* o *inhibe* la marcha.

Así es la influencia social. En ocasiones es mejor que otros ejerzan un efecto en nosotros, o que suceda todo lo contrario y la ejecución sea mejor en solitario.

¿Qué determina el efecto de la influencia social? ¿Por qué en ocasiones es positiva y en otras es negativa? Observa la ilustración que se presenta a continuación.

Tralada tu mente al taller de un alfarero que, en este momento, está trabajando seglarmente. Imagínate como desliza sus manos por el barro. Poco a poco, el material se vuelve más fluido y maleable. A partir de ese momento, se le empieza a dar forma hasta alcanzar, tras un proceso arduo y tedioso, su apariencia final. Y tú lo ves a pocos centímetros de distancia. Y el alfarero sabe que estás ahí, que lo observas.

¿Cuál crees que será el resultado? ¿Un ánfora decorada minuciosamente, con todos sus detalles, con sus perfectas dimensiones? ¿O por el contrario, será un producto con múltiples imperfecciones y errores?

La respuesta variará. Esta ilustración sirve de preámbulo para incorporar dos hipótesis explicativas que proponen varios autores. Estas explicaciones son

La hipótesis de la mera presencia y *La hipótesis de la aprensión a la evaluación.*

> **La hipótesis de la mera presencia** indica que cuando un individuo ejecuta una tarea, el resultado se ve afectado por el conocimiento de la presencia de una o más personas. Es decir, en el caso del alfarero, si éste sabe que estamos en su taller, el resultado final varía.

> **La hipótesis de la aprensión a la evaluación** afirma que cuando un sujeto percibe que lo están evaluando, su resultado final se ve afectado. En el caso del alfarero, si él percibe que lo estamos observando, examinando cómo realiza la tarea y juzgándolo, el resultado se ve influido.

El resultado final en ambas hipótesis está relacionado con la percepción de dominio. Vamos a explicar esta relación de forma detenida. Retomemos la escena. Este alfarero revela que lleva treinta años en este oficio. Ha realizado antes miles de productos empleando barro como material, y él considera que es muy bueno realizando su trabajo. Podría realizar esta tarea prácticamente con los ojos cerrados. Y ahora se encuentra con que estamos en su taller y evaluando su trabajo. El alfarero realizará su trabajo con mayor entusiasmo y concentración y, salvo circunstancias anormales, el producto final será de una calidad mayor. La razón es que para este trabajador, esta tarea es sencilla. **La domina.** Recordemos que lleva treinta años en la profesión, una profesión que le entusiasma. Disfruta realizando su trabajo. Por eso, la presencia de otros es un aliciente para él, mejorando su ejecución.

Pero tomemos la situación contraria. El alfarero resulta ser un aprendiz. Un joven que apenas lleva unas semanas en esta profesión. Este es el primer encargo que debe realizar de forma totalmente independiente, sin la ayuda de su maestro. Además de esto, a escasos centímetros estás tú, juzgando cómo hace su trabajo. Puede sentir su respiración, muy rápida e intensa. Aprecias el temblor de sus manos... Es obvio que no va a ser la mejor ánfora que realizará a lo largo de su vida. Pero esta afirmación es tan verídica como esta otra: nuestra presencia y nuestra evaluación perjudica su ejecución y, en consecuencia, el producto final.

En síntesis, la esencia está en la autoeficacia.

Si nosotros percibimos y creemos indudablemente que dominamos una tarea, la presencia y evaluación de otros producirá el fenómeno de facilitación social. Si por el contrario dudamos o no estamos plenamente convencidos de que podemos llevar a cabo esa tarea de una forma óptima, la presencia y evaluación de otros producirá el fenómeno de inhibición social.

Hay muchas más variables involucradas en la influencia social. En la tabla final aparecen varios elementos que participan en la facilitación e inhibición social.

"La acumulación de pequeñas ventajas lleva a una supremacía considerable"

(Wilhelm Steinitz)

Facilitación social	Inhibición social
Todos los miembros conocen la tarea	Desconocer la tarea
Motivación	"Miedo escénico"
Compensación grupal. Los miembros más hábiles se esfuerzan más para compensar a los demás, siempre y cuando los menos hábiles den el máximo.	Dudar de las propias capacidades para desempeñar la tarea
Competencia interpersonal. Los miembros del grupo hacen un sobreesfuerzo para obtener recompensas.	Individualismo dentro del grupo
Efecto Köhler. Los individuos menos hábiles se esfuerzan más para emular a los más hábiles.	Presión o estrés excesivo por miembros de importancia o parte del grupo

Tabla 1. Variables relacionadas con la influencia social según su efecto.

Para Saber Más: Polarización Grupal: el extremismo colectivo.

Cuando los grupos toman decisiones sobre los asuntos que les afectan y con los que se sienten implicados, puede aparecer un proceso denominado "polarización grupal". Como resultado de la interacción, lo que realmente sería esperable es un promedio de opiniones, sin embargo, los resultados no ilustran este hecho, sino todo lo contrario, ya que la interacción, la discusión, y el intercambio en el seno del grupo, lo que provocan es clarificar y ahondar en la implicación y en las actitudes previas que los sujetos tienen respecto al tema en cuestión (Tous, 1993).

En otras palabras, polarización se entendería como posición extrema de los individuos del grupo con respecto a una idea. Lo que se produce como consecuencia de la interacción, es un fortalecimiento de la tendencia dominante en el grupo, una exageración de la posición media inicial.

En el ámbito de la psicología social, se produce un cambio a partir de 1961. Hasta ese momento se creía que un conjunto de personas actuaba de manera más moderada, más prudente y menos extremista que sus individuos por separado. Stoner planteó un experimento (el cual se replicaría más de 300 veces) que demuestra lo contrario:

➤ Stoner organizaba a sus sujetos experimentales en distintos grupos. Estos constaban de 4 ó 5 personas cada uno (Stoner, 1961). Su función era responder a una serie de cuestiones que reflejaban dilemas sociales. El cuestionario había sido realizado previamente por Kogan Y Wallach y refleja 12 ítems en los que se describen distintos dilemas a los que se enfrentaría la persona en cuestión. La elección fluctuaría entre una alternativa poco valiosa con muchas probabilidades de éxito, y otra más atractiva pero con muchas menos posibilidades de conseguirlo.

El experimento de Stoner estaba formado por tres fases claramente diferenciadas. Primero respondían al cuestionario de forma personal y privada (pre-consenso). Posteriormente, se producía una discusión en grupo en la que todos ellos debían intentar ponerse de acuerdo sobre cada 94tem (consenso). En la fase final del experimento, los sujetos debían emitir un juicio, de nuevo de manera privada (post-consenso). Stoner observó que tanto en las fases de consenso como en la de post-consenso, los sujetos se inclinaban por una decisión que implicaba más riesgos de los que cabía esperar a partir de la media de los juicios individuales del pre-consenso.

La polarización grupal es un fenómeno mucho más corriente de lo que se presumía en un primer momento. A partir del experimento de Stoner se sucedieron diversas investigaciones en las que aparecía este fenómeno asociado a muchos otros contextos: estereotipos, negociaciones, decisiones tomadas en jurados…

Algunos autores como Stoner utilizan la polarización como sinónimo de riesgo, pero nada más lejos de la realidad. Es cierto que estos dos elementos se asocian, pero no siempre que encontramos el fenómeno de la polarización hay mayores probabilidades de peligro. La interacción sobre un tema significativo redobla el interés por dicho tema, clarificando algunos de sus extremos, haciendo que estos se vuelvan más visibles y cercanos de lo que lo eran en un principio. Podemos afirmar que el riesgo es una vertiente y una modalidad de la polarización.

El término polarización grupal lo introducen Moscovici y Zavalloni (Moscovici, 1985). Postulaban que "**la controversia inicial fortalece la inclinación promedio de los miembros del grupo**" (Franzoi, 2007). Realizaron un experimento con estudiantes franceses sobre juicios hacia el general De Gaulle y los norteamericanos. Dos temas que en aquella época, 1968, no admitían la indiferencia. Se buscaba obtener en qué medida la discusión grupal y la necesidad de un consenso podría afectar a la posición más objetiva y racional de los sujetos. Tras calificar los ítems individuales que se presentaban (preconsenso), pasaban a discutir esos mismos temas en grupos de cuatro personas. Después de la discusión grupal, deberían de nuevo indicar su posición personal, y si aceptarían o no el consenso al que ha llegado el grupo (postconsenso). Los resultados fueron abrumadoramente claros. Sin ninguna duda, las medias del "postconsenso" se aproximaban mucho más a las del consenso que las obtenidas en las primeras calificaciones individuales (preconsenso).

Generalidades sobre la polarización:

✓ La discusión hacia el consenso desemboca en la polarización.

✓ Si el grupo tiene que comprometerse con una decisión, el efecto de la polarización es mayor.

✓ Las opiniones y juicios del grupo, suelen ser adoptadas como propias.

✓ La estabilidad de las respuestas "postconsenso" es mayor si se trata de actitudes que de juicios.

Polarización grupal en la vida cotidiana:

Hoy en día, se estudia polarización grupal en multitud de ámbitos con los que convivimos diariamente (escuela, internet…) pero un ejemplo muy fácil y a menudo recurrente, es el de los grupos violentos:

✓ Los pandilleros son más peligrosos si se van uniendo unos a otros. En conjunto, se agrandan las tendencias que comparten, y se realizan más del doble de acciones que conllevan riesgo, de las que se harían de manera individual. "Una pandilla es más peligrosa que la suma de sus individuos".

✓ Los ataques terroristas suicidas, por ejemplo son resultado de fenómenos grupales, porque se incrementan los ideales extremistas de sus individuos (Es mucho más difícil encontrar ataque suicidas planificados individualmente que grupalmente).

Capítulo 6
Cualquiera puede morder *una manzana...*

Adrián Fernández Picallo

 Si cualquiera de nosotros pensase en una marca comercial de éxito de este último siglo, una de las primeras opciones que se nos pasaría por la cabeza sería "la marca de la manzana."

El hambre ha estimulado su mordisco. Las ganas, la motivación, el ingenio, la sutileza, la perspicacia... pero sobre todo, la creatividad.

El diferenciarse y buscar algo nuevo ha provocado que esta pequeña fruta que tenemos al alcance de nuestra mano, se haya convertido en una de las mayores fortunas del mundo. Una manzana distinta, pero igualmente excepcional.

En este capítulo vamos a centrarnos en uno de los aspectos más abstractos del rendimiento grupal. Abstracto porque muchas veces implica moverse en una dirección que no sabemos hacia dónde nos lleva. Abstracto, sí, pero fundamental. Estamos hablando de la creatividad.

Cada vez más, esa línea que separa lo común de lo sobresaliente, lo normal de lo extraordinario, reside en nuestra capacidad para alcanzar una idea brillante. A los seres humanos nos mata la incertidumbre, no la soportamos, y por eso muchas veces escogemos el camino sencillo para resolver un problema. Ten en cuenta que no siempre la mejor solución es la más fácil (¿no siempre… o casi nunca?).

No debemos tener miedo de experimentar con los pensamientos y seguir nuestras ideas, porque muchas veces, esa es realmente la clave del éxito.

Tenemos muchos ejemplos actualmente del éxito que puede conllevar una idea creativa, pues el mercado laboral está plagado de ellas. La red social Facebook no es más que la consecuencia de una trabajada idea entre un grupo de estudiantes. Es un modelo de grupo creativo por excelencia. A menudo no sabemos lo que realmente estamos generando, puesto que desarrollamos nuestra idea con un fin concreto que no se parece en nada a lo que finalmente se desplegará. Esa primera "piedra" puede ser el principio de muchos caminos.

La marca comercial Kleenex, diseñada por Kimberly–Clark, y tan expandida actualmente como pañuelos desechables, no nació con esa finalidad, sino que se desarrolló a lo largo de la Primera Guerra

Mundial como un sustitutivo del algodón utilizado en las máscaras anti-gas, ya que la demanda de éste aumentaba paralelamente a causa de la industria del vestido. Como podemos ver, poco tiene que ver la finalidad original con la que consiguió expandir a la empresa por el mundo entero, pero a pesar de ello, sin ese primer movimiento, dicha modificación no se hubiese llevado a cabo.

En el ámbito empresarial la creatividad debe estar siempre presente.

No solamente hay que encontrar y desarrollar esa idea que sea atractiva para los usuarios. Hay que promocionarla y trabajarla permanentemente.

Nunca vamos a tener el producto perfecto y las grandes multinacionales lo saben. ¿De qué manera sino algo tan simple como un refresco de Coca-Cola busca cambiar constantemente? Todas las pequeñas ideas creativas que son puestas en marcha (como poner nombres de personas en las latas) buscan aumentar la demanda en el mercado.

Para obtener resultados diferentes, **trabaja y piensa de manera diferente** (Canto, 2002). Ése es el primer eslabón que te llevará hacia el éxito.

Pensamiento convergente y divergente.

La creatividad y nuestras reflexiones están íntimamente relacionadas. En psicología decimos que existen dos tipos de pensamientos:

---

a) PENSAMIENTO CONVERGENTE

b) PENSAMIENTO DIVERGENTE

El primero de ellos, hace referencia a un pensamiento de tipo lógico, que se mueve hacia una única solución posible. Es el característico del método científico. Se correspondería con las operaciones matemáticas, por ejemplo.

El que nos interesa a nosotros es el pensamiento divergente. Éste, al contrario que el anterior, no se dirige hacia una meta específica, sino que más bien" se mueve para encontrar una meta hacia la que moverse". La incertidumbre juega un papel importante ya que en un primer momento no sabemos hacia dónde vamos. Esta incertidumbre es una de las principales características de la creatividad.

Puedes entender mejor los dos tipos de pensamiento con el siguiente ejercicio. Puede resultarte familiar, ya que es muy representativo y muy utilizado en entrevistas de trabajo para conocer mejor a la persona.

Ejercicio. Responde al siguiente supuesto. Imagínate que estás conduciendo tu automóvil deportivo de dos plazas en una noche de tormenta terrible con unos fuertes vientos y grandes trombas de agua. En un determinado momento, pasas por una parada de autobús donde se encuentran tres personas esperando:

a) Una anciana visiblemente enferma que espera el autobús para ir al hospital.

b) Un viejo amigo que una vez te salvó la vida.

c) La mujer o el hombre de tus sueños.

¿A quién llevarías en tu coche? Ten en cuenta que sólo tienes sitio para un pasajero.

Respuesta:

Éste es un dilema ético y moral. Podrías llevar a la anciana, porque parece que está bastante enferma; podrías llevar a tu amigo, ya que una vez te salvó la vida y estás en deuda con él, o podrías elegir a la mujer o al hombre de tus sueños porque probablemente nunca más te vuelvas a encontrar con ellos.

Si has elegido alguna de las opciones anteriores estabas pensando de manera convergente. Has pensado que había tres soluciones posibles y únicamente esas tres.

Sin embargo, ante un problema de este tipo, también podemos pensar de manera divergente. Un ejemplo sería responder lo siguiente:

"Le daría las llaves del coche a mi amigo, y le pediría que llevara a la anciana al hospital; mientras tanto, yo me quedaría esperando el autobús con la mujer o el hombre de mis sueños".

Un grave error que se comete en muchas ocasiones es creer que el pensamiento creativo es incontrolable. Eso es falso. La creatividad se puede mejorar.

> *"La creatividad se aprende igual que se aprende a leer"* (Ken Robinson)

 **Dinámica de creatividad:** *Brainstorming.*

Probablemente hayas oído hablar en alguna ocasión de la tormenta de ideas o *Brainstorming* (Rawlinson, 1986). Esta técnica puede considerarse como una técnica de reflexión creativa o de generación de ideas, facilitada por la interacción grupal. Para llevar a cabo la técnica del *Brainstorming* es muy importante tener en cuenta tres principios fundamentales:

Regla 1. *Toda crítica o evaluación previa están prohibidas.*

En el momento en el que criticamos una idea de un miembro con poco peso dentro del grupo, un miembro débil, estamos condicionándolo para que no emita otras ideas por miedo a volver a ser criticado. Sé que muchas veces no hacer críticas es complicado, pero es crucial. No hacerlo sería como echar agua caliente y fría en un mismo cubo.

 **Regla 2.** *Cualquier idea es bienvenida y se da prioridad a la cantidad sobre la calidad.*

Se trata de recoger tantas soluciones como sea posible. Aunque pensemos que muchas son tonterías, no debemos ocultarlas, porque este hecho provoca una facilitación en el grupo hacia la expresión de más ideas (Gallagher, 2008). Las soluciones disparatadas están bien. Las imposibles, también. Ten en cuenta que las ideas prácticas a menudo nacen gracias a la modificación. Es mucho más sencillo perfeccionar que crear. Siguiendo con el principio de la cantidad, hay estudios que indican que las primeras ideas no suelen ser frescas ni creativas, por lo que cuanto más larga sea la lista, mejor.

Regla 3. *Se busca la asociación de ideas y el desarrollo de las mismas.*

Este principio se refiere a lo mencionado anteriormente. Se pretende modificar dichas ideas para mejorarlas.

¿En qué consiste un *Brainstorming*?

Su desarrollo es muy sencillo. En primer lugar, tenemos una tarea que es planteada a los diferentes miembros del grupo (*Ej. ¿Cómo aumentar las ventas en nuestra empresa?).* Los distintos integrantes del equipo deben generar en voz alta diferentes ideas que serán anotadas a la vista de todos los miembros del grupo (Shaw, 1980). Es necesario recalcar el objetivo de generar las máximas soluciones posibles, ya que este hecho será el que facilite la expresión de todo tipo de ideas, que como hemos visto, pueden ser muy fructíferas para nuestro equipo de trabajo.

Variantes del *Brainstorming*.

Existen infinidad de variantes, pero estas pueden ser consideradas las más importantes:

✓ *Brainstorming* **con calentamiento.** Es ideal para desinhibirse y que todos los miembros se suelten. En grupos ya cohesionados apenas tendría efecto. Este calentamiento siempre se basa en tareas muy sencillas (Ej. Decir objetos con valor mayor de 1000€).

✓ El *Stop/Go Brainstorming*. Alterna períodos de entre 3/5 minutos de creación con periodos de la misma duración de silencio. Provoca que los miembros reflexionen sobre las ideas por lo que las alternativas son de mayor calidad, pero requiere más tiempo.

✓ **Rueda de mesa**. Consiste en ir generando ideas por turnos, por lo que se obliga a participar a todos. Pueden llegar a generar el doble de ideas que un *Brainstorming* normal, pero tiene la desventaja de que puede perjudicar a las personas más creativas del grupo.

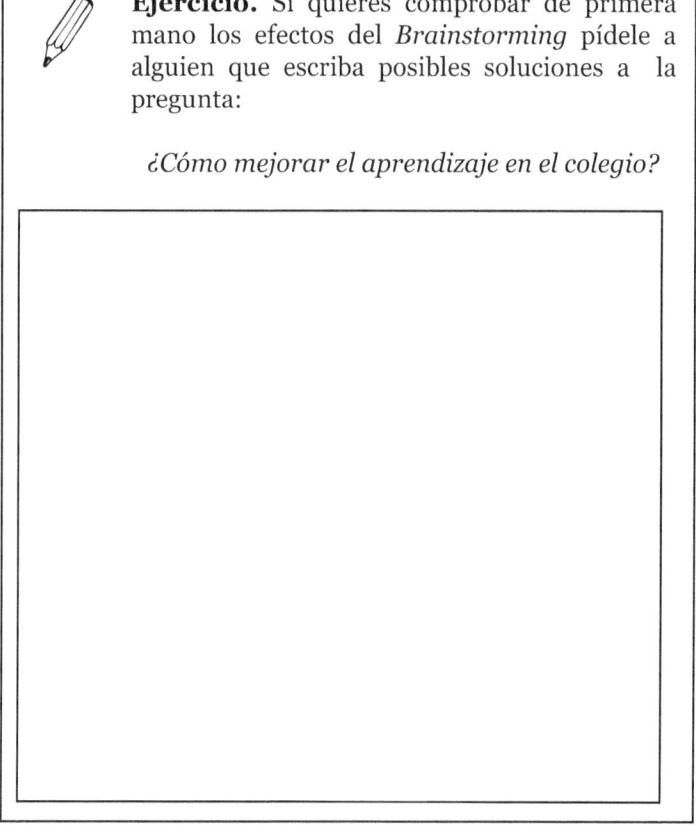

Ejercicio. Si quieres comprobar de primera mano los efectos del *Brainstorming* pídele a alguien que escriba posibles soluciones a la pregunta:

¿Cómo mejorar el aprendizaje en el colegio?

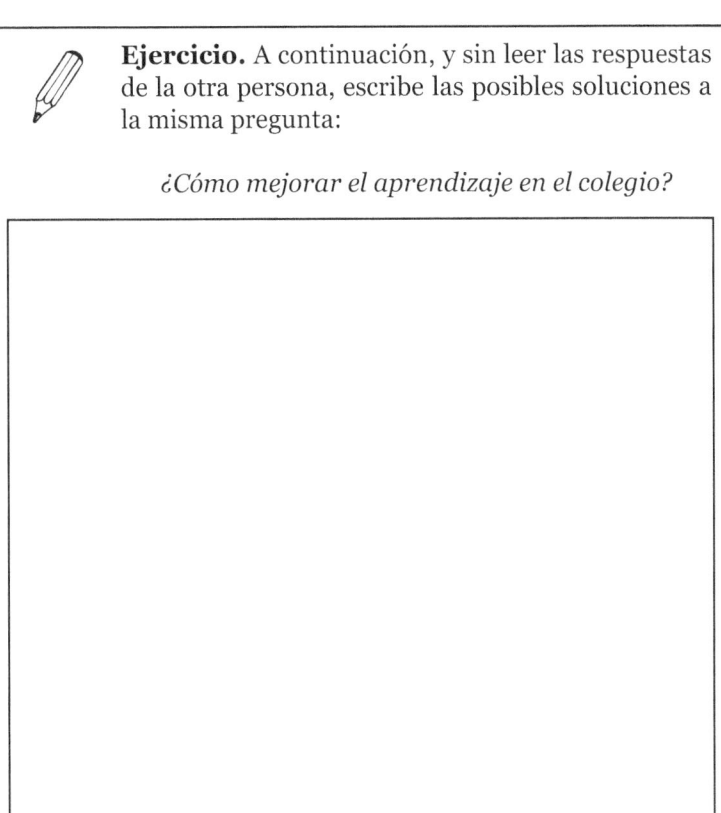

Ejercicio. A continuación, y sin leer las respuestas de la otra persona, escribe las posibles soluciones a la misma pregunta:

¿Cómo mejorar el aprendizaje en el colegio?

Ejercicio. Para finalizar, examina el primer recuadro. Seguramente encuentres soluciones que a ti no se te habían ocurrido, o puedas generar modificaciones de tus ideas que resulten beneficiosas para el tema en cuestión.

Ahora ponte en la situación de un *Brainstorming* realizado en condiciones óptimas. Todos los miembros del equipo, reunidos y concentrados, interactuando para encontrar soluciones a un determinado problema (Cory, 2003). Los resultados van a ser infinitamente superiores a los que tú has obtenido anteriormente.

La creatividad sí se puede mejorar. No copies. Diferénciate del resto de personas. No busques entrar dentro de lo común. Escoge el camino de lo sobresaliente, el camino del éxito.

"Busca y encontrarás; lo que no se busca permanece oculto"

(Sófocles)

Capítulo 7
¡La veo y subo diez!

Adrián Fernández Picallo

 Seguramente hayas jugado al póker en alguna ocasión. Si no es así, seguro que sabes que es un juego de cartas en el que los participantes deciden apostar distintas cantidades de dinero, real o ficticio, en función de las probabilidades de ganar que creen tener.

¿Qué pasaría si un jugador conociese las cartas de todos sus contrincantes? Apostaría más o menos sin dudar.

En la toma de decisiones ocurre algo similar. Cuando actuamos de manera individual, sin conocer otros puntos de vista, sin conocer otro tipo de "jugadas" que no se nos pasan por la cabeza, podemos estar cometiendo errores. La vida es similar a una partida de póker, y en tus manos está el grado de conocimiento que vas a utilizar para tomar tus decisiones.

Mencionábamos en el capítulo anterior a las ideas. Ideas que pueden ser más o menos creativas, que pueden ser mejores o peores y que se logran ajustar más o menos a un ambiente concreto. Para determinar nuestra elección entre varias alternativas debemos tomar decisiones. Desde pequeños estamos acostumbrados a hacerlo de manera individual. Decidimos ser de un equipo de fútbol, apoyar a un partido político, estudiar una determinada carrera... Muchas veces no resulta fácil seleccionar una opción a pesar de que solo dependemos de nosotros mismos y únicamente tenemos nuestro punto de vista. En un grupo de trabajo es muy difícil que exista unanimidad ante la elección de una posible solución frente a un problema. Existen variables intrapersonales, contextuales y diferentes puntos de vista que pueden dificultar este proceso.

"Un hombre tiene que escoger. En esto reside su fuerza: en el poder de sus decisiones." (Paulo Coelho)

Para tratar de reducir estas variables y tomar una decisión de la manera más objetiva posible puedes utilizar una técnica conocida como "Grupo Nominal".

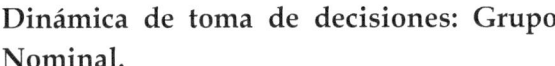

Dinámica de toma de decisiones: Grupo Nominal.

Esta dinámica puede y debe utilizarse conjuntamente con otras técnicas. Es muy útil

combinarla con el *Brainstorming*, aunque también tenemos la opción de aplicarla bien sobre ideas programadas de antemano, o bien sobre las que surgen tras un trabajo independiente de cada miembro que conforma el grupo de trabajo. De alguna manera podemos decir que es un ciclo investigación-acción, porque además de la obtención de información sobre las alternativas, nos permite deliberar acerca de los problemas. Es una técnica breve, sencilla, y democrática. Lo ideal sería aplicarla en grupos de **5-8 personas**.

Estas son algunas de las ventajas que ofrece el Grupo Nominal:

✓ Consigue el consenso reduciendo la influencia de miembros con demasiado peso dentro del grupo.

✓ Genera las mismas oportunidades para la expresión de opiniones en todos los miembros del grupo.

✓ Al tomar decisiones de manera conjunta estamos haciendo que cada miembro de nuestro equipo adquiera mayor compromiso con dichas elecciones (González, 1997).

En cuanto al procedimiento que se lleva a cabo con esta técnica, podemos dividirlo en seis pasos:

Paso 1. Explicar el **objetivo** al grupo de trabajo y posterior generación de ideas, si todavía no disponemos de las mismas.

Hay que involucrar a cada miembro, recalcando la importancia de sus conocimientos y experiencias para la resolución del problema.

* Si no hubiésemos realizado el *Brainstorming*, este sería el punto dónde los miembros del grupo se disponen a trabajar individualmente y en silencio, generando alternativas al problema, para luego ponerlas en común.

Paso 2. Clarificación/Discusión grupal.

De manera grupal se busca especificar lo máximo cada ítem, lo cual no significa condensarlos. Pongamos un ejemplo: ante el problema *"¿Cómo asesinar sin ser descubierto?"* se generan 3 ideas que son: *"Utilizar una pistola"*, *"Utilizar una navaja"*, y *"Utilizar un cuchillo"*. Estas tres alternativas se podrían clasificar en dos categorías que son *"Utilizar un arma de fuego"*, y *"Utilizar un arma blanca"* pero nunca clasificaríamos las tres ideas juntas.

Paso 3. Seleccionar/Ordenar de manera individual.

Cada persona selecciona por orden de preferencia las ideas que más le gusten. Es muy importante que sea individual y anónimamente. Se pueden asignar diferentes tipos de puntuaciones (1…3; 1…5 etc.). Así cómo se pueden asignar distintos valores, posteriormente también se elaborará un ránking de las ideas acorde con los criterios acordados (puede resultar que la mejor solución se corresponda con la más o con la menos votada dependiendo de lo que hayamos establecido previamente). Por ejemplo: Si el grupo decide que le vamos a dar 1 punto a la idea que más nos guste y un cinco a la que menos, al elaborar el consiguiente ránking, la mejor idea sería la que obtenga una menor puntuación. Como opinión personal considero que el mejor método es el contrario, el de darle más puntos a la solución que nos parezca más adecuada.

Paso 4. Discusión.

Previamente, una persona se encarga de sumar las diferentes puntuaciones obtenidas en cada alternativa, y de elaborar el ránking que debe mantenerse en todo momento a la vista de todos los miembros del grupo. Esto tiene la finalidad de que puedan consultarlo en todo momento, sin la necesidad de recordarlo de memoria, para que se puedan centrar en la discusión. En el ránking no es necesario que aparezcan las soluciones que no han sido votadas, ya que se supone que nadie del grupo va a argumentar en favor de las mismas. Posteriormente, se analizan diferentes posturas de cada uno de los integrantes ofreciendo pros y contras de cada idea, con el objetivo de hacer reflexionar a los compañeros para la próxima fase.

Paso 5. Seleccionar/Ordenar de manera individual.

Se repite la tercera fase. Si queremos ser más exactos podemos darle 100 puntos a la idea que nos parezca más adecuada, y puntuaciones entre el rango de 99 a 0 al resto.

Paso 6. Exposición de los resultados obtenidos.

Probablemente pienses que es una técnica un poco liosa, pero una vez llevada a la práctica resulta muy útil.

Es importante implicar lo máximo posible a los integrantes del equipo de trabajo, ya que de esta manera se conseguirán los mejores resultados.

Una vez hayas alcanzado la última fase del procedimiento del Grupo Nominal, debes tener una solución que presumiblemente parece ser la más adecuada, pero si quieres mejorar al máximo la toma de decisiones, reduciendo todavía más las influencias entre individuos, puedes aplicar alguna de las siguientes estrategias:

✓ **Debate Dialéctico.** Consiste en buscar alternativas para comparar con la solución que a priori es mejor. Esto no implica que haya que cambiarla.

✓ **Introducir un Abogado del Diablo.** Este término tiene su origen en la iglesia, en los tribunales eclesiásticos. Para canonizar (santificar) a alguien se debía demostrar que había realizado 3 milagros

a lo largo de su vida. En estos tribunales hay personas que se encargan de negar los prodigios de los individuos en cuestión, para que se investiguen. En los grupos pasa algo parecido. Si hay unanimidad ante una solución, el abogado del diablo se encargará de negarla para que se discutan los argumentos de su elección.

✓ **Invitar a expertos.** Como el propio nombre indica consiste en invitar a personas que no pertenecen al equipo y que tienen conocimientos sobre el tema en cuestión, para incluir puntos de vista externos a los del grupo.

Estas tres técnicas mencionadas anteriormente son especialmente útiles si sospechas que el grupo puede estar bajo el fenómeno del "pensamiento grupal".

"Las decisiones rápidas son decisiones inseguras"
(Sófocles)

 **Para Saber Más: Pensamiento Grupal: consecuencias del exceso de cohesión grupal.**

El 16 de Abril de 1961, en Playa de Girón (Cuba) sucede uno de los fenómenos más estudiados en psicología social. Las tropas estadounidenses, compuestas por mercenarios selectamente reclutados por la CIA, desembarcan en la *Bahía de Cochinos* con el objetivo de derrocar el gobierno de Fidel Castro. La superioridad norteamericana parecía un signo claro de su triunfo, y sin embargo el operativo terminó siendo un "Fracaso Perfecto".

En menos de 65 horas las fuerzas anticastristas fueron humillantemente derrotadas. Murieron 100 hombres y otros 1.200 fueron apresados, y todo el material bélico fue abotinado por las tropas cubanas.

¿Una simple derrota? ¿Por qué ha sido tan estudiada esta batalla? ¿Qué la distingue de otras? ¿Qué ha aportado a la psicología social este hecho histórico y qué podemos aprender de él?

Muchos han sido los psicólogos sociales que han estudiado en profundidad el trasfondo real de la batalla de la Bahía de los Cochinos. Las comparaciones, tanto a nivel económico como militar, hacían parecer casi imposible el resultado de la contienda. ¿Dónde estuvo el error?

> *"La mayor parte de las personas cuando oyen hablar de tales fracasos simplemente dicen que, después de todo, 'las organizaciones están dirigidas por seres humanos', que 'errar es de humanos' y que nadie 'es perfecto'. Lo malo es que los tópicos sobre la naturaleza humana* **no** *nos ayudan a comprender cómo y a través de qué errores evitables se cometen."*
>
> (Janis, 1972)

Las palabras de Irving Janis, no hacen otra cosa más que indicar una realidad pocas veces valorada como se merece:

Hay errores grupales que son evitables.

Janis analiza todos los, en su entender, errores de la política estadounidense del momento y los pone en relación directa con el resultado de Bahía de Cochinos. Su diagnóstico fue el siguiente: "Pensamiento Grupal". Este fenómeno fue el motivo de la derrota americana. El Pensamiento Grupal es una forma de comportamiento del grupo *afuncional*. Janis habla de individuos completamente racionales, que debido a la influencia del grupo llegan a tomar decisiones incoherentes e irracionales. La causa se debe a la triada: cohesión de grupo, conformidad con las normas y exceso de confianza.

120

Analicemos brevemente cada uno de estos puntos.

✓ **Cohesión de grupo.** Todo grupo necesita estar cohesionado. Es uno de los pilares fundamentales para la supervivencia del mismo. Pero, como todo en esta vida, su exceso también es perjudicial. Cuando la cohesión es excesiva, el principal objetivo del grupo es mantener las relaciones entre sus miembros, eliminando cualquier punto que pueda desestabilizarlas. Podemos decir que el punto de mira es la permanencia de los individuos que lo componen.

✓ **Conformidad con las normas.** "El mayor poder de un grupo cohesionado es el logro de la conformidad con sus normas y la aceptación de sus objetivos, sus tareas y roles" (Cartwright y Zander, 1960). Los individuos tienden a reprimir las ideas y opiniones que distan del mismo, que no van en la misma dirección o intensidad. ¿Por qué? Porque saben que el grupo tratará de persuadirlo para que cambie de parecer o incluso ellos mismos se autocensuran, ya que no quieren desestabilizarlo. Por eso, se descartan todas las ideas que no sean conformes a las de la mayoría. Wilfred Bion estudió los efectos perjudiciales que pueden tener las ideas preconcebidas y los conceptos erróneos en un grupo, afectando a sus decisiones de forma negativa.

✓ **Exceso de confianza.** La compactación de los miembros, así como un conformismo con las normas crea un exceso de confianza en el grupo. ¿Cómo van a estar equivocados tantos miembros que piensan de forma similar? ¿Parece imposible verdad?.

Eso es exactamente lo que le sucedió a Estados Unidos en Cuba. Hoy en día sabemos, gracias a los biógrafos de Kennedy, que éste fue informado del plan el 29 de noviembre de 1960, pocos días después de su elección. Lo puso en duda, pero no lo suspendió.

El silencio. Ese silencio fue la condena. La conformidad con las normas y decidir no mostrar una postura contraria al grupo.

Como consecuencia, muchas veces se adoptan decisiones erróneas que conllevan estrepitosos fracasos. La razón es que prima el interés para llegar a un consenso rápido sin deteriorar las relaciones intragrupales frente a la calidad de la decisión a adoptar. ¿Te ha pasado alguna vez esto? ¿Has dejado de dar tu opinión por miedo a deteriorar las relaciones con tu grupo o parecer diferente?

Podemos entender este fenómeno como una enfermedad. Una enfermedad que poco a poco se va extendiendo sin que los miembros, en la mayoría de los casos, se den cuenta de ello. No obstante, como toda enfermedad, tiene sus síntomas (Rodríguez, 2003).

Los siete síntomas del pensamiento grupal.

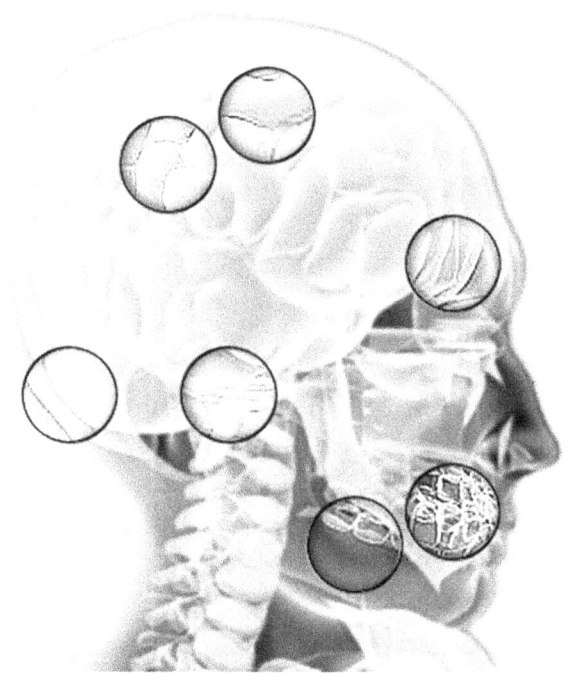

✓ **Síntoma 1.** *Ilusión de invulnerabilidad.* La noción se basa en pensar: "Si el líder y cada uno de nuestros miembros creen que está bien, el plan está destinado a tener éxito". Hay una confianza ilimitada y un exceso de euforia en el grupo por el sentido de unidad, creyendo que su talento les llevará siempre a buen puerto.

✓ **Síntoma 2.** *Ilusión de moralidad.* La máxima de la moralidad de los grupos con Pensamiento Grupal es la lealtad. La lealtad al grupo. Esto requiere evitar controversias o formular preguntas cuestionando las ideas del mismo.

✓ **Síntoma 3.** *Compartir estereotipos negativos.* Hay una persistencia en los miembros del grupo en transmitir imágenes súper simples que eliminan todo detalle individual. Por ello, se emplean los mismos estereotipos de siempre a la hora de deliberar.

✓ **Síntoma 4.** *Autocensura:* Schlessinger, uno de los participantes en la planificación de la invasión de la Bahía de los Cochinos, reconoció su tendencia a suprimir objeciones cuando asistía a reuniones del equipo de Kennedy en la Casa Blanca. Este síntoma se caracteriza por la represión de los propios individuos a la

124

exposición de sus ideas al apartarse de la idea grupal. Se suprimen las dudas personales.

✓ **Síntoma 5.** *Ilusión de unanimidad.* Se fundamenta en la exageración, en las convergencias del pensamiento y en la subestimación de las divergencias. Con esto, se consigue una percepción de que todo el grupo presenta la misma opinión. Se alcanza un falso consenso.

✓ **Síntoma 6.** *Presión hacia la conformidad.* Esta presión es mayor, cuando un líder de opinión muestra su conformidad con una idea. Por esta aceptación inequívoca, es más complicado que alguno de los miembros muestren su disconformidad.

✓ **Síntoma 7.** *Aparición de los guardianes del pensamiento (Mindguards):* Su misión es proteger al grupo de información negativa para no distorsionar el consenso del equipo. Intentan suprimir esta información mediante la presión social. Buscan callar al individuo que difiere en su opinión.

El Pensamiento Grupal lleva a tomar decisiones tan estrepitosas como la narrada al inicio de este documento. Ninguno de nosotros es inmune a este proceso. Llegados a este punto, la pregunta que nos formulamos todos es cómo podemos evitar este fenómeno.

Actualmente, para cualquier enfermedad, se hace especial hincapié en su prevención. Igualmente, si queremos evitar el Pensamiento Grupal, debemos de prevenirlo para mantener la salud del grupo.

¿Qué estrategias preventivas podemos emplear? Enumeramos las siguientes estrategias específicas:

> ➢ **El debate dialéctico, el abogado del Diablo y la invitación de expertos** (descritas anteriormente).

Además, debemos tener en cuenta las siguientes estrategias generales:

> ➢ **Conocer la existencia del proceso y sus consecuencias.**
> ➢ **Disponer de tiempo para tomar la decisión.**
> ➢ **Líderes imparciales.**
> ➢ **Pensamiento crítico.**
> ➢ **Dividir el grupo en subgrupos para realizar posteriores puestas en común.**

Poniendo en práctica estas estrategias evitaremos contaminarnos con uno de los sesgos más peligrosos de la toma de decisiones. Así, las soluciones adoptadas aumentarán extraordinariamente su calidad e imparcialidad y obtendremos unos mejores resultados.

Capítulo 8

Oferta: Problemas al 40% de descuento.

Alfonso Fernández Vázquez

 Los carteles de promoción ocultaban el interior del establecimiento. El cristal del escaparate estaba impregnado de estridentes amarillos, verdes y rosas para atraer a los clientes.

Esto sí que era una verdadera "ganga". Los problemas estaban a un 40% de descuento, incluso los de nueva temporada. Parecía inverosímil. Cualquiera podría comprarse un problema colosal para expandir su negocio hasta donde Oriente y Poniente entrelazan sus fronteras.

Entré en el local. Estaba abarrotado de clientes. El murmullo del gentío daba paso a gritos que buscaban ser escuchados. Largas colas de espera a la puerta de los probadores mostraban el esperpéntico escenario de la obra. ¡A este paso no quedaría nada para los días venideros!

El verdadero problema residía en comprar algún producto antes de que se agotaran en aquel circo malévolo construido con nuestras propias manos...

En nuestras tareas y trabajos de equipo nos enfrentamos a problemas complejos en múltiples ocasiones. Algunas de las dificultades que presentan son la alta cantidad de datos que se deben manejar, los múltiples componentes que subyacen al problema principal, o las distintas perspectivas con las que se puede analizar.

Antes de adentrarnos en este capítulo, quiero que tengas dos premisas en mente.

1. Debemos analizar la máxima cantidad de información posible.
2. El equipo de trabajo ha de ser versátil y dinámico.

Recuerda estos dos axiomas. Más adelante, se desarrollarán ambas ideas.

Con respecto a los problemas complejos, se pueden ver desde distintos **enfoques o prismas**. Pongamos un ejemplo. Imagínate que estamos en una junta directiva de una empresa farmacéutica. Nuestras ventas han bajado en el último trimestre y se ha propuesto la comercialización de un producto parafarmacéutico para incrementar los beneficios. El problema es qué tipo de artículo vamos a emplear. Con respecto a los prismas de abordaje, desde el enfoque de un cliente se considerarán relevantes ciertos productos dependiendo de la situación personal, la salud individual, las preferencias, la importancia que le demos al cuidado de nuestro cuerpo, nuestra situación económica… Posiblemente, si ahora nos ponemos en el prisma del empresario, su mayor interés es vender el artículo que mayor beneficio económico perciba y conseguir la fidelidad del cliente, manifestada con la compra posterior de productos de la misma empresa.

Estos son sólo dos prismas desde los que se pueden observar este problema. Vemos que los elementos que lo componen difieren ampliamente. ¡Imagínate cómo se incrementa la dificultad si seguirnos incluyendo nuevos enfoques! Los problemas complejos pueden asemejarse a las figuras de un caleidoscopio. Un caleidoscopio es tubo cilíndrico que en su interior está compuesto por espejos. Suele ser un juguete muy preciado por los niños. Si observamos por el extremo del cilindro, podemos apreciar una figura de varios colores y formas. Sin embargo, si rotamos unos pocos

grados hacia la derecha o la izquierda el tubo con nuestra muñeca, la figura cambia. Y si seguimos girando vuelve a transformarse. Los problemas complejos son igual. Si empleamos un prisma distinto, si los rotamos al igual que con el caleidoscopio, el problema se ve de forma distinta.

 **Dinámica de delegación de tareas: el Cuchicheo.**

Pese a que antes comenté que la complejidad aumentaba, debemos *atacar* el problema desde el **mayor número de vértices posible.** Con esta afirmación, parece que nuestra cita introductora es totalmente inversa a lo que planteo. Ni mucho menos. Aumento el número de prismas para resolver de forma más eficaz un problema, no para crear nuevos. Y, además, dispongo de una técnica que nos facilita la resolución de estos problemas. La técnica que te expongo a continuación encaja perfectamente con la cita de Yoritomo Tash con la que concluye este capítulo.

El *Cuchicheo* es una técnica en el que la cantidad de individuos es fundamental. Cada individuo que compone el grupo nos permitirá intervenir sobre un punto del problema. Por lo tanto, podremos abordar tantos puntos como individuos componen el grupo. Y además tiene otra ventaja. Los problemas complejos suelen ser divisibles en elementos más simples. Es decir, de un problema surgen varias incógnitas que deben resolverse. A continuación dispondrás de una imagen aclaratoria sobre lo que trato de explicarte.

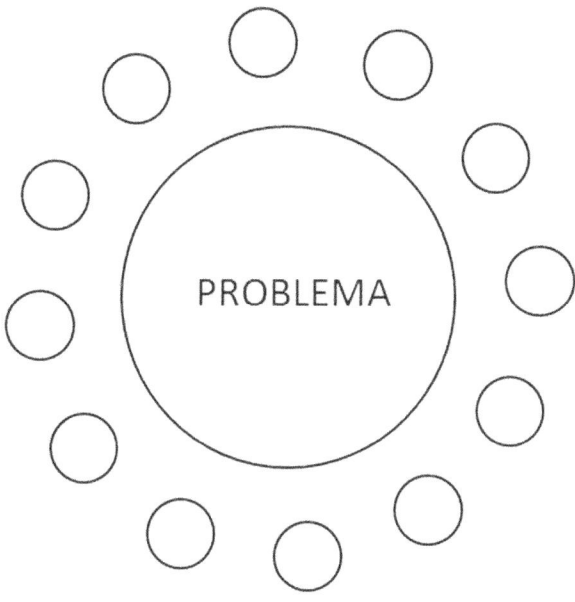

Esta imagen representa un problema y su descomposición en otros más simples. Pensarás que para analizar todos estos prismas necesitarás mucho tiempo y, por desgracia, hoy en día el tiempo es escaso. ¿Sabes qué es lo mejor de todo? Que puedes estudiar cada una de estas incógnitas en un **tiempo reducido y simultáneo.**

Otra de sus ventajas es que fomenta la confianza intragrupal.

Por lo general, en los problemas simples, aunque se actúa como grupo, suelen llevar la iniciativa varios miembros destacados, teniendo una mayor influencia sobre el resto del equipo. Sin embargo, esto puede suponer la infravaloración de los miembros menos influyentes, afectando a su rendimiento. El *Cuchicheo* está diseñado para que no surjan estas diferencias. Por eso se le conoce como una **técnica de delegación**. La opinión y aportación de cada miembro del grupo tiene el mismo peso que la de cualquier otro. Es más, se le asigna a cada uno de ellos un prisma, reafirmando la importancia que tienen en el equipo de trabajo. Se le delega una parte del problema, expresando nuestra confianza en que lo realizarán de la mejor forma posible. Uno de los efectos adicionales del *Cuchicheo* es que **aumenta la autoestima** de los componentes del equipo de trabajo. Pese a que mantiene las diferencias individuales de cada miembro en sus creencias y opiniones, reduce las diferencias de status y poder intragrupal.

Los pasos para desarrollar esta técnica son los siguientes:

Paso 1: Recoger toda la información posible sobre el problema y todos los elementos implicados.

Paso 2: Dividir el problema en elementos más sencillos o prismas de abordaje.

Paso 3: Dividir el grupo en parejas o tríos, dependiendo de su composición y las características del problema.

Paso 4: Asignación de cada subproblema o prisma de abordaje a cada pareja o trío.

Paso 5: Cada pareja o trío debe adoptar posturas distintas con respecto a la tarea asignada. Cuando los posibles posicionamientos en torno a ese subproblema están enfrentados, se han de seleccionar siempre.

Paso 6: Debate durante un tiempo programado por el grupo entre las parejas con respecto a la postura adoptada. Se analizarán las ventajas e inconvenientes de cada posicionamiento. Esto aumenta la riqueza de la discusión, siendo un verdadero debate constructivo.

Paso 7: Reunificación del grupo. Puesta en común de un portavoz de cada minigrupo con respecto a las conclusiones extraídas de la primera discusión.

Si te has percatado, se produce un **ahorro de tiempo** en la valoración del problema. Cada pareja aborda un prisma de abordaje o subproblema de forma simultánea al resto. Por eso, un proceso arduo y prolongado en el tiempo puede realizarse de forma simple y aparentemente breve.

Ventajas e indicaciones del Cuchicheo.

A modo de resumen, las ventajas de esta técnica son las siguientes:

1. Resuelve problemas complejos en un menor tiempo.
2. Participación de todos los miembros del grupo. Elimina la timidez.
3. Se respetan los turnos de palabra.
4. Pensamiento crítico.
5. Aumenta el campo de visión del problema.
6. Mayor reestructuración cognitiva

Cómo puedes observar, esta técnica puede ser adaptada según las características y necesidades de tu grupo. Puede ser muy útil, especialmente en las ocasiones de *mindblock.* Este término puede verterse como **bloqueo mental**. Se asigna a cuando nos encontramos en situaciones donde no somos capaces de avanzar, no sabemos cómo iniciar las intervenciones para resolver una tarea…. El *Cuchicheo* nos indica cómo empezar a atajar un problema. Nos da las directrices precisas y guía nuestra acción.

Te propongo que la tengas en cuenta. Estoy seguro de que, en alguna ocasión, te sacará de un aprieto. Esta técnica está indicada a casi cualquier ámbito: marketing, ventas de bienes y servicios, diagnóstico clínico y planes formativos, entre otros.

"El sentido común es el arte de resolver los problemas, no de plantearlos"

(Yoritomo Tash).

Capítulo 9

¡Atención! Háganme caso.

Pablo Lorenzo Feijoo

 Quedaron atrás los tiempos en los que a través de encuestas al consumidor se estudiaba cómo mejorar un producto para aumentar sus ventas. Ahora el encargado de analizar el cerebro del consumidor para producir el artículo que mejor lo seduzca es el neuromarketing.

Hablar de un producto, venderlo y que nadie te escuche es peor que permanecer en silencio. Cada día se publican nuevos estudios que relacionan determinadas estrategias con las acciones del cerebro. Crear emociones positivas en el cliente aumentará las ventas de lo que sea.

Descubrir qué botón hay que tocar para crear la necesidad de adquirir tu producto es la clave del éxito. Crear huella en la memoria o activar el sistema innato de recompensa del cerebro humano parece funcionar mejor que pedir atención para que escuchen lo que tienes que decir.

Seducir al público.

En este capítulo vamos a hablar de conquistar, de cómo ganarte a tu público, a tu interlocutor, a tus compañeros o a tus clientes. Aprenderás recursos básicos que debes empezar a utilizar de inmediato, en el caso de que no lo estés haciendo ya, si quieres poder alcanzar el éxito en cualquier aspecto de los que la seducción pueda conllevar. Incluso podrías sacar alguna técnica para ligar de este capítulo, pero eso ya lo dejo para tus reflexiones postlectura.

Todo el mundo sabe lo que es seducir. Seducir es ganar confianza, es atraer, es persuadir, y en el fondo es conseguir que alguien sea leal a ti, por no decir conseguir que alguien realice una determinada acción, que es la causa por la que tú seduces.

Te darás cuenta al seguir leyendo que intrínsecamente utilizas muchas de las características que vamos a ver a continuación para seducir a las personas con las que te relacionas a diario: desde sostener la puerta del portal para que salga tu vecina que viene al fondo del pasillo hasta mantener un activo cruce de miradas con la persona que te gusta es seducción.

Cuando te planteas intencionadamente seducir a alguien para llegar al fin que tú deseas has de seguir una serie de pautas si quieres salir exitoso de la situación y no quedar como un mediocre.

Para empezar sabes quién eres, a dónde vas, qué buscas… y debes saber a quién te diriges. Por eso lo primero es informarte e investigar para saber qué o a quién te vas a encontrar. Los imprevistos ya surgirán durante el encuentro y cuantos menos y más airado puedas salir de ellos, mejor.

Preparación del momento.

Hoy en día es muy fácil saber quién será tu interlocutor: con *"googlear"* un nombre es prácticamente imposible que no salga ni una sola entrada sobre esa persona. Lo primero que te aparecerá serán sus redes sociales (búscalo e investiga algo en Facebook sobre sus intereses y aficiones, en Twitter sobre sus reflexiones o en LinkedIn sobre su trayectoria profesional). Si no tuviese redes sociales, cosa que hoy en día es extraño, o no pudieses acceder a sus perfiles, siempre saldrá algo, desde una simple dirección postal, una foto que colgó en internet su pareja o un artículo que comentó recientemente.

Toda la información que encuentres será útil para la toma de contacto.

Ya tienes la primera sugerencia para seducir a tu público: siempre que puedas conoce de antemano a quién te vas a dirigir para poder personalizar el encuentro (Kawasaki, 2006).

La primera impresión.

Llega el encuentro, y la primera impresión has de hacerla valer a tu favor por lo que es necesario ir vestido adecuadamente para la ocasión. Siéntete cómodo pero sin ir demasiado elegante (lo que hará desprender una sensación de poder o de superioridad sobre tus interlocutores) ni demasiado informal (tampoco quieres que sientan que no les respetas y que vas como te da la gana). Por ejemplo, si eres un comercial que va a ver a unos clientes que suelen vestir de sport es inadecuado que llegues en traje, y si vas a presentar un proyecto en el que llevas investigando cuatro años, no deberías aparecer con una camiseta y unos vaqueros. ¿Entiendes lo que quiero transmitirte?

Lo siguiente, la sonrisa. Para seducir o encantar a alguien es indispensable llevar una actitud positiva para poder crear buenas sensaciones en la otra parte, bien sea para hacer un negocio, para pedir un consejo o para ligar. Si no vas con una buena actitud ya has fracasado. Así que norma número dos: actitud positiva de serie.

Como decía Oscar Wilde "Hay gente que provoca felicidad allá donde va; otros simplemente provocan felicidad siempre que se van" Tú decides cual quieres ser.

El tercer punto clave del encuentro es el saludo y las palabras adecuadas para encandilar a tus oyentes (Pena, 2014). Cuando los saludes considera tener la mano templada y seca, porque no hay nada más desagradable que dar la mano y encontrarse con una sensación de sudor frío que hará desconectar al interlocutor los primeros segundos de su intervención pensando en dónde limpiarse la mano y analizando lo nervioso que estás.

Para perfeccionar tu saludo hay miles de técnicas que puedes mirar sobre la posición de las manos, la intensidad, la duración, etc… pero con lo fundamental que has de quedarte es con un **notable apretón de 2-3 segundos**, a la **distancia adecuada** que haga aumentar la **confianza** entre vosotros, pero sin intimidar a la otra persona.

Ahora viene la parte personal. Sabes por qué te estás entrevistando con esa persona así que saca los temas que querías tratar y aprovecha para meter por medio algún dato de tu investigación, como una afición común, una experiencia personal que sabes que va a gustar a tu oyente o cualquier comentario sobre el partido de noche ya que viste que lo *twitteó*.

Importante: no te inventes nada, te acabarán pillando. Si no te gusta el fútbol y a la otra persona sí, no saques el tema; si no te gusta nadar no digas que vas a la piscina a diario. Usa la información que tienes para llevarte a tu terreno al público y conseguir así que tu propósito de la entrevista pueda ser alcanzado.

Es obvio, pero te lo recuerdo, no parezcas un psicópata que se ha estudiado a dónde se ha ido de vacaciones tu interlocutor durante los últimos 10 años.

Los datos han de valer a tu favor a modo de casualidades, no demostrando la fantástica investigación que realizaste.

Continuamos analizando tu actitud durante el encuentro, que como ya te he dicho, debe ser positiva ante todo. Y te preguntarás ¿cómo sé si mi actitud es positiva? Ahora verás cuales son las claves que deben caracterizarte:

- ✓ Una persona con actitud positiva no puede quejarse por cualquier tontería; eso favorecerá actitudes negativas en tus oyentes. Si criticas a un compañero u otro cliente con la persona con la que te estás entrevistando le harás pensar "¿qué dirá de mi cuando se vaya?". Tú no quieres eso; así que limítate a expresar opiniones sin ofender a nadie (y menos cuando no esté presente).

✓ No dejes que la gente se queje o critique en tu presencia, y si lo hacen muéstrate neutro, sin dar pie a la crítica. Si la situación lo requiere podrás pedir a la otra persona que delante de ti no hiciese comentarios del tipo que está haciendo porque te incomoda. De este modo conseguirás evitar las sensaciones negativas que pudieran inmiscuirse en tu encuentro.

✓ Levántate con una sonrisa cada mañana. Por muy gris que esté el cielo o por muy temprano que sea, las cosas siempre se pueden ver de buena manera. Además, como ya sabes, la sonrisa se contagia, y si lo consigues propagarás tu actitud positiva.

✓ Mantente abierto a escuchar todo tipo de opiniones, con las que puedes mostrarte más o menos de acuerdo. Lo que nunca debes hacer es criticar al autor de la opinión. A veces posicionarte te hará ganar puntos y otras ser más neutral puede convenirte más; eso has de verlo tú en función de la situación.

Una persona con actitud positiva acaba generando actitud positiva en el público, y esto se traduce en confianza en el hablante y seguridad en la relación, lo que te hará conquistar tu objetivo.

Solo falta el saber utilizar correctamente la parte de nuestro cuerpo que más mensajes no verbales transmite durante la conversación: las **manos**. Supongo que ya te habrás dado cuenta que cuando alguien te dice algo con las manos abiertas es más fácil que le creas que si te lo dice con los puños cerrados y, si no, fíjate en cómo lo hace la gente a partir de ahora. Por ejemplo, un político en un debate es tajante y trasmite autoridad con las manos rectas hacia arriba y abajo, y un mendigo que te pide dinero siempre tiene la palma de la mano abierta hacia arriba.

Por lo que en tu encuentro **gesticula suavemente** y dejando **las palmas de las manos abiertas** más hacia arriba que hacia abajo si quieres que tu oyente se dé cuenta de que quieres negociar y contarle algo de una manera no agresiva, dejando la decisión casi *en sus manos*. Le harás sentir importante, y será más fácil lograr tu objetivo.

Cruzar los brazos te hará mostrar desconfianza. Estarás colocando una barrera entre tú y tu interlocutor, así que no lo hagas, a menos que sea esa sensación la que deseas obtener. Por último, si hay una mesa de por medio, ten las manos siempre a la vista si no quieres trasmitir inseguridad o desconfianza a la persona de enfrente.

Has de trasmitir una sintonía entre tu lenguaje verbal y no verbal. Tus palabras deben corresponder con tus gestos y tus actitudes.

> Otra gran aliada del lenguaje no verbal es la **mirada**. Mantén siempre la mirada cuando hables, trasmitirás credibilidad y si la apartas, puedes crear la sensación de falsedad en tus palabras o desacuerdo con quien esté hablando en ese momento.

Las palabras mágicas.

Ahora nos falta saber con qué palabras conquistar al público, y te diré que si esperabas una fórmula mágica general… no existe. Sin embargo puedes crearte la tuya propia con los siguientes consejos.

Para empezar has de presentarte como el que eres. Usa palabras simples, di la verdad (lo que no implica que puedas callarte datos que por el momento no quieras revelar), y se breve. Así despertarás la curiosidad de tu oyente por saber más sobre ti, si realmente eres de su interés.

En cuanto sepan quién eres y a qué te dedicas se preguntarán qué quieres por lo que deberás mostrar tus intereses hacia el interlocutor.

Si quieres venderle algo comienza hablando de tu producto (recuerda toda la información que tienes de tu oyente y que ha de jugar a tu favor en la venta), o en el caso de que todavía no tengas un objetivo con ese público intenta que se queden en deuda contigo. De esta manera, cuando tengas un objetivo para ellos, será más fácil de lograr.

No hay nada que seduzca más que ayudar a alguien y dejarlo en deuda contigo. Es lo que típicamente se podría considerar hacer favores, y lo mejor es que fuese desinteresadamente. Proyectarías una excelente imagen tuya en la que se arriesgarían a confiar en las próximas ocasiones. Consejo: cuando conozcas a alguien, preséntate, infórmate de quién es la otra persona e intenta prestar desinteresadamente tu ayuda aunque sea de la forma más tonta posible; *por ejemplo si a tu vecino se le cae una carta al suelo recogiendo la correspondencia, apúrate a cogérsela y devolvérsela. A lo mejor mañana en una junta de vecinos vota a tu favor en un tema a discusión aunque no se lo pidas, porque has proyectado una imagen de ti que gusta a la gente.* Haz que esto sea recíproco: acepta cualquier ayuda que te puedan dar, por poca que sea, acostúmbrate a no rechazar nada, a no decir que no.

> *También es importante el no juzgar. Debes aceptar que por muy bueno y exitoso que te creas, o mejor aún, que realmente lo seas, siempre, siempre va a haber alguien mejor que tú en algo, aunque sea doblando calcetines.*

Es fundamental que aceptes que no eres mejor que nadie, sino que destacas en unas habilidades y los demás en otras diferentes. Si cada mañana además de con la sonrisa te levantas con esta filosofía de pensamiento el día acabará siendo un éxito.

Además estas tácticas que te voy a dar ahora te ayudarán a que el triunfo sea más fácil de lograr.

Técnicas de seducción.

 **Técnica 1. Si no conoces demasiado a tu oyente, aplica el sentido común y tantea vuestros temas de intereses comunes.**

A mí, el autor de este capítulo, casi no me conoces si no has investigado nada, pero si nos pusiésemos a hablar podrías sacar temas que me gusten perfectamente, por ejemplo todo el mundo quiere ganar dinero para tener una casa, una familia y unas buenas vacaciones. Puedes empezar tirando por ahí, e ir descubriendo de qué manera me gusta hacerlo a mí. Con un poco de habilidad me podrías acabar llevando a tu terreno y consiguiendo el objetivo que te hubieses planteado.

Si tú no quieres ser el que descubra cómo soy yo, deja que sea yo el que descubra cómo eres tú, para que así te cuente cómo soy yo. Si no te he liado con la frase sospecharás que pretendo decirte que hablándome de tus pasiones e intereses puedes resultarme interesante y "darme cancha" para que yo te hable de los míos.

Técnica 2. Asegúrate de buscar situaciones ganadoras para ambos.

Debes acabar encontrando intereses comunes, situaciones beneficiosas para los dos, acuerdos de negocios elegidos por ambos… Trasmitirás confianza y harás percibir a tu oyente que vuestros intereses son comunes. No te estoy pidiendo que lo engañes, sino todo lo contrario: escucha qué es lo que quiere tu interlocutor, cuáles son sus necesidades, y busca el modo de que esas sean las tuyas. Esta es la sensación por excelencia que debe transmitir un buen negociador.

Técnica 3. Dependiendo de la situación, en tu lenguaje pueden aparecer tacos o incluso metáforas o rimas.

El siguiente consejo te parecerá absurdo, pero no lo es. Que se te escape un taco de vez en cuando, sin pasarse, claro está, puede atraer la atención de tu oyente si se estaba dispersando, hacerle sentir que está en un ambiente más informal y con mayor confianza o aumentar tu aceptación.

Las metáforas, las comparaciones y las rimas son un gran aliado en tus intervenciones; Si eres un comercial no estaría mal que te llevases alguna preparada de antemano. No me creerás pero, su uso dará mayor credibilidad a tus argumentos, y si no mira este ejemplo: ¿Qué te convence más: qué te vendan una sillita de coche para un bebé afirmando que será el suave guardaespaldas que le protegerá o diciéndote que es muy robusta y a la vez cómoda?

Tampoco te reprimas al expresar emociones para comunicar, vende mucho más una persona expresiva que una seria. Además debes contar con un comportamiento ejemplar, como no masticar chicle, dar lo buenos días o las buenas tardes, según corresponda, y despedirse con un "hasta luego, que tenga un buen día" en lugar de con un adiós. Ante todo has de ser cortés y educado.

Técnica 4. Recursos verbales de escucha y de acción.

Si lees cualquier manual de Psicología te encontrarás con infinidad de técnicas de escucha como la paráfrasis (repetir lo que te han dicho con otras palabras) o la síntesis (hacer un breve resumen cuando se ha desviado el tema para volver al hilo que nos interesa), de las que hablaremos en el capítulo 11, y que te serán de gran ayuda para conquistar tu objetivo. Te recomiendo que incluyas en tu repertorio técnicas de acción como la autorrevelación de una historia personal (para disminuir la distancia y aumentar la confianza), la confrontación de los argumentos del interlocutor (para hacerle ver que está equivocado, cuando así sea), y la interpretación de lo que se nos ha dicho (para que no pueda surgir duda alguna).

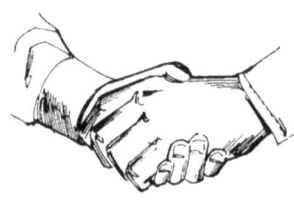

Técnica 5. *Storytelling*.

Una técnica infalible es el contar historias, derivada del *Storytelling*. Se vende mucho mejor un producto si cuentas que tienes un cliente que hace 8 años que lo usa y no le ha dado todavía ningún problema, que si lo vendes como que es muy duradero; o si cuentas que tu padre se hizo un tratamiento dental y que está contentísimo antes que vender un tratamiento dental como que es muy bueno.

Técnica 6. Mirar-probar-comprar.

Y es que si tú dejas que tu público vea algo, creas la curiosidad en ellos, les animas a probar, creas el deseo en ellos, y luego te propones vendérselo, será pan comido. Haz promociones, campañas, regala muestras, deja que te cojan el dedo para que quieran cogerte la mano. La palabra gratis tiene un poder de venta impresionante, contrariamente a lo esperado.

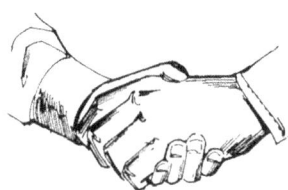

Técnica 7. La gente atrae gente.

¿Por qué si ves un restaurante lleno de gente y al lado uno vacío a la hora de cenar, prefieres ir al que está más lleno

Además, si ves que uno está lleno y otro vacío pensarás que el que está vacío es peor, pero a lo mejor no es tan malo. Aplica esta técnica para seducir a un gran público indeterminado. Si atraes un grupo de personas, los demás vendrán detrás.

Técnica 8. Nunca pierdas los papeles delante de quien quieres seducir, tendrás mucho perdido.

Aunque te estén poniendo a caer de un burro, lo ideal es que mantengas la calma y dejes que la persona se desahogue, casi sin intervenir tú. Una vez ha acabado, explicas razonadamente tus argumentos, será más fácil que sean más creíbles los tuyos que los de la otra persona, y la harás sentir arrepentida por su actuación, con lo que seducirla ya será mucho más fácil. En el caso de que sea la otra persona quien lleva la razón usa el mismo método, deja que se desahogue, asiente con la cabeza y una vez termine muestra tus disculpas y busca la manera en la que mejor la puedas recompensar. De este modo saldrás ganando de situaciones que, a priori, podrían acabar en una trifulca.

Técnica 9. Hacer grupos con tu público.

Es decir, categorizarlos en los rangos que tú creas que pueden existir y comportarte diferentemente acorde a cada categoría.

Un ejemplo sería dividirlos por sexo, o por edades. Sabes que hay datos que por lo general a los hombres no les interesarían y hay otros que a las mujeres sí, o hay actitudes que unos agradecerán y otros no, o comentarios sobre temas que puedan interesar a jóvenes o a mayores. Personaliza las intervenciones a tu público estudiando bien qué es lo que desea cada grupo para así hacerles sentir especiales, conformes y con ganas de volver a interactuar contigo.

 **Técnica 10. No hay nada que le guste más a alguien que se acuerden de él.**

Por lo que toma nota y recuerda el nombre de tus contactos y tu historia o relación con ellos. Por ejemplo una peluquera te ve entrar por la puerta y te dice *"Hola Sonia, ¿qué tal fueron las vacaciones de semana santa?, increíble el hotel de Cantabria al que me dijiste que irías ¿no?, ¡ah! Y mira que bien traes el color del pelo, no se te deteriora nada…"* Esto es una forma de crear huella en tu público. Saben que los recuerdas y prefieren volver a acudir a tus servicios antes que probar algo nuevo e iniciar una nueva relación desde cero.

Es normal que al principio te cueste aplicar todo esto. Ve poco a poco. Las habilidades aumentan a medida que aumenta la experiencia.

Todas estas técnicas las puede usar cualquiera, pero debes complementarlas ofreciendo tu valor añadido para destacar sobre los demás. No te cortes a la hora de observar la actuación de otros en tu misma posición, de copiarle alguna técnica de seducción, adelantarte aprendiendo a usar las últimas tecnologías o ser persistente en la búsqueda de soluciones alternativas cuando no puedes dar a tu interlocutor lo que te pide; solo así triunfarás.

Tu imagen social.

Uno de los últimos puntos, y no por ello menos importante, es la reputación. Conseguir una buena reputación es imprescindible para seducir. ¿Quién quiere hacer negocios con alguien del que le han hablado mal?

Además de seguir las pautas de comportamiento que hemos visto hasta ahora para lograr una buena imagen es absolutamente necesario, si no quieres echarlo todo a perder, que sepas de lo que hablas. Me da igual si vas a vender zapatos o a pedir que te den la subvención para crear una asociación sobre la extinción del pez espada.

Has de ser un experto en el tema, saber responder a todas las preguntas que te hagan y no dejar a nadie pensar que eres un "patán" o que no te tomaste en serio tu objetivo.

Cuando acudan a ti, bien sea en persona, por teléfono o por correo electrónico, no hagas esperar a tu público. Si no puedes atender a quien acude a ti, diles que estarás ocupado unos minutos (para que no se desesperen), y que te encargarás de devolverle la llamada lo antes posible, o responde a los mails en menos de un día, lo que no suele ser habitual y a todos nos encantaría que hiciesen.

Recuerda lo que ya te he dicho, no te olvides de ser cortés. El "hasta luego que tenga un buen día" es mucho más cautivador que el "adiós" (Kawasaki, 2011).

Las redes sociales son actualmente el trampolín por excelencia hacia el público. No hay nada más fácil, cómodo, cautivador, barato, y a la vez peligroso que una imagen pública; y es que todo lo que hacemos en ellas queda ahí casi para siempre, por lo que hay que ser muy cautelosos a la hora de usarlas para no cometer ningún error que nos hunda la reputación.

Empecemos por el email. Lo primero es que tu dirección de correo electrónico sea fiable, y con fiable me refiero a que no sea la que te hiciste antes de los 15 años. Ya sabes de lo que hablo; una como nombreapellido@servidor.com es una muy buena opción, sencilla, sin símbolos, ni números, ni abreviaturas. Además, has de saber gestionar bien tu correo, archivar los importantes, crear listas de contactos, y mantener tu bandeja de entrada vacía. Hay estupendos tutoriales para sacar el máximo partido al correo electrónico que te recomiendo que leas, porque créeme, puede que estés desaprovechando todos los recursos que ofrece la red.

Cuando envíes un correo acuérdate de customizarlo: personaliza el asunto, se breve, no envíes archivos adjuntos si puedes evitarlo, y pide siempre algo, aunque solo sea que la persona a la que conociste esta mañana en una conferencia te recuerde cual era su página web. De este modo crearás una mayor huella en la otra persona y empezarás a seducirla.

Hoy en día si quieres existir, has de estar en **Linked-In.** Si todavía no tienes una cuenta apúrate a hacerla, porque quedaron atrás los tiempos en los que se buscaba trabajo en la oficina de empleo. Linked-In es una red profesional en la que te debes limitar a publicar únicamente información laboral; es decir las fotos de tus vacaciones no caben ahí. Además esta red social te permite crear a modo de perfil un completo currículum con todas tus habilidades y experiencia que servirá para que quien busque a una persona como tú te encuentre. No mientas, como te llevo recomendando desde el inicio, y mantén al día tu perfil. Comparte noticias profesionales, comenta tu trayectoria o haz nuevos contactos en esta red.

Donde sí puede ser lugar para publicar las fotos de tus últimas vacaciones es en **Facebook**. Seguramente ya tengas un perfil en esta red social y sabrás perfectamente para que vale. Mi recomendación personal es que lo utilices para conectar con tus amigos y para tener un perfil más de ocio que el de Linked-In. Yo lo pondría con bastante privacidad (solo te interesa contactar con tus amigos y familiares), todo lo contrario que Linked-In, en la cual harás contactos con los que poca confianza tengas y ser visible a todo el mundo será un punto a favor. Selecciona que contenidos de los que puedas aportar son más pertinentes a cada red social.

La tercera red social indispensable hoy en día es **Twitter**. Como ya sabes es la más rápida de todas, en la que te puedes enterar de las noticias que te interesen casi al momento en el que ocurren; además de poder interactuar con tus seguidores, como en cualquier otra red social.

Podrías estar en muchas más redes sociales, pero las fundamentales hoy en día son esas tres, aunque no está demás existir en otras muchas, siempre y cuando las mantengas al día. Es mejor no tener más si las vas a tener abandonadas y que cuando alguien entre vea que tu última publicación fue hace un año, o en la que no interactúes con los demás miembros que se ponen en contacto contigo.

Como marca o como empresa te recomendaría además tener tu propia web, opciones como pudiese ser en Facebook una página de empresa o una Fan page (en el caso de tener miles de seguidores), o en Twitter un perfil en el que publiques todas las noticias relacionadas con la empresa; pero, como siempre, lo más importante es mantenerlas vivas y al día.

> Un truco para ganar popularidad, para seducir a tu público en la redes sociales es invitándolos a participar, y eso puedes lograrlo a través de concursos, lanzando preguntas o pidiendo opiniones.

Por último te recuerdo, por si aun lo dudabas, que además de tener una buena descripción tuya en las redes sociales, donde te vendas bien, has de tener una foto de perfil decente, que no sea ni tomándote unas copas, ni recortada de un grupo de personas, ni en bañador, por poner tres ejemplos. Mi recomendación, una foto de calidad en la que sonrías y se te vea de los hombros para arriba.

La seducción en equipo.

Como hemos ido diciendo hasta ahora, en equipo todo puede salir mejor, y ya sabes que lo ideal sería que fueseis un equipo con gente diferente, que pudieseis aportar distintas perspectivas y diferentes conocimientos que ayuden a una mejor seducción del público.

Pero... ¿y si tratas de seducir a tu equipo? Dos directrices básicas:

En el caso de que seas el jefe, no hay nada que seduzca más a tus trabajadores que te muestres igual a ellos, que si tienes que hacer unas fotocopias las hagas y que empatices con ellos.

En el caso de que seas el empleado y trates de seducir a tu jefe lo ideal sería que valorases tu trabajo y que seas el primero en dar tanto las buenas noticias como las malas para así celebrar antes los éxitos y buscar soluciones a los problemas con mayor margen de tiempo.

En definitiva, se trata de que seas querido y popular en el trabajo, tanto si eres el jefe como si eres el empleado, sólo así seducirás fácilmente a la otra parte.

Como colofón final del capítulo y después de todas estas claves, mi último consejo para que seduzcas a tu público es que **te marques objetivos**. Haz listas de objetivos que cumplir progresivamente y no te detengas hasta conseguirlos, con la experiencia acabarás seduciendo sin darte cuenta y logrando conseguir lo que te propongas.

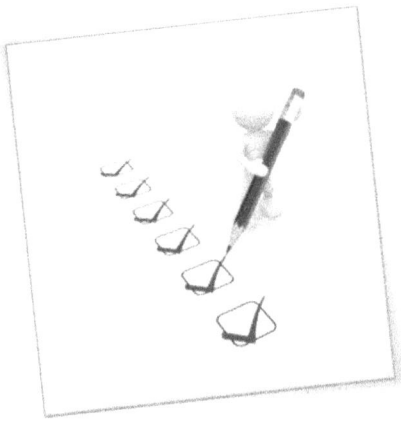

"Hombre sin sonrisa no abre tienda"

(Proverbio chino)

Capítulo 10
Al caer al río, ¡Narciso aprendió a nadar!

Noel González Martínez

Tras rechazar el amor de Eco, la ninfa, Narciso fue castigado por la diosa de la venganza, Némesis, haciendo que se enamorase de su propia imagen.

Un día de bochornoso calor en Grecia, Narciso se acercó a beber al río donde pudo contemplar su hermosa tez reflejada en las aguas, quedando inmediatamente prendado de tan bella imagen. Al disponerse a besar al apuesto joven que veía, Narciso calló en las gélidas aguas del Estigia. Pero lejos de aceptar el castigo que se le había impuesto, nuestro protagonista, inspirado por una sabiduría divina, comenzó a nadar para salvar su vida.

Gracias a este conocimiento se dio cuenta de que debía ser más crítico consigo mismo y que tenía que aprender a ver sus propios defectos.

Desde muy pequeños se nos ha inculcado el miedo a la evaluación. Desde nuestros años escolares tenemos miedo a los exámenes y que nos evalúen. Y este temor aumenta, sobre todo cuando el resultado de esta evaluación es negativo, pues lo asimilamos como un fracaso. Pero nada más alejado de la realidad. Las evaluaciones que interpretamos como negativas pueden ser mucho más beneficiosas, para poder mejorar, que las positivas si somos capaces de aceptar la crítica e interiorizarla.

La mente es como un paracaídas, o la abrimos o no sirve absolutamente para nada. Tienes que abrirte a la evaluación.

En la vida la clave del éxito es el cambio y la evaluación es la base de éste. Por lo tanto necesitamos aprender a realizar una autoevaluación efectiva para tener éxito. En esta vida, los únicos que no cambian de parecer son los inquilinos de los cementerios.

Como bien afirma la cita final de Séneca si no sabemos cuál es nuestro objetivo no seremos capaces de llegar al éxito. Sin embargo si conocemos cuáles son nuestras metas y las posibilidades de alcanzarlas, tendremos una oportunidad en cada potencial problema.

Dinámica de evaluación: Técnica DAFO.

La evaluación marca el éxito de un equipo de alto rendimiento. ¿Cómo podemos evaluar el rendimiento y la situación de un grupo? ¿Cómo podemos autoevaluarnos como grupo? Todos sabemos que es mucho más fácil ser críticos con otros que con nosotros mismos. Para que sea capaz de conseguir una evaluación adecuada te presentamos el análisis DAFO (Xunta de Galicia, 2012). Esta técnica se emplea de forma frecuente a nivel empresarial y en equipos de trabajo para conocer la situación de éstos en un momento concreto. Es un estudio de los factores internos y externos que afectan al grupo. Contiene variables internas como son las Debilidades y Fortalezas, y variables externas como las Oportunidades y las Amenazas.

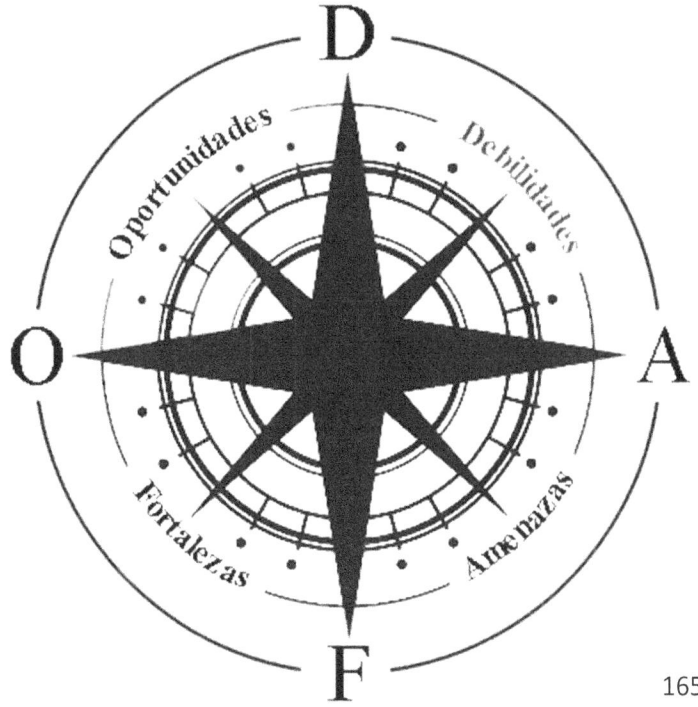

Las primeras son inherentes al grupo. Las Debilidades son nuestros puntos flacos, aquellas características que nos limitan. Por el contrario las Fortalezas son nuestros elementos fuertes y potencialidades que nos benefician. Prosiguiendo con los distintos componentes, los factores externos son las situaciones que se generan en el entorno del grupo. Pueden ser positivas, que etiquetaríamos como Oportunidades, o negativas, o también denominadas Amenazas, que pueden aumentar o limitar el progreso del grupo respectivamente.

En la siguiente página se muestra un esquema de dicho análisis para que podáis evaluaros como grupo. Siempre que necesitéis autoevaluaros como grupo, recurre a esta técnica. Fotocopia esta imagen y empléala para este fin.

En cada uno de los apartados –Debilidades, Amenazas, Fortalezas y Oportunidades- disponéis de unas líneas. En ellas debéis listar aquellas características que consideráis que pertenecen a cada una. El objetivo de plasmarlas en el papel es que tomemos conciencia de ellas y que seamos capaces de potenciar las Fortalezas, minimizar las Debilidades, aprovechar las Oportunidades, y eliminar o reducir las Amenazas. La técnica DAFO suele utilizarse en grupo y bajo consenso, por lo que, cuando la realices, hazlo con todos los miembros de tu equipo.

Para que sus integrantes sean capaces de reconocer las características en cada uno de los

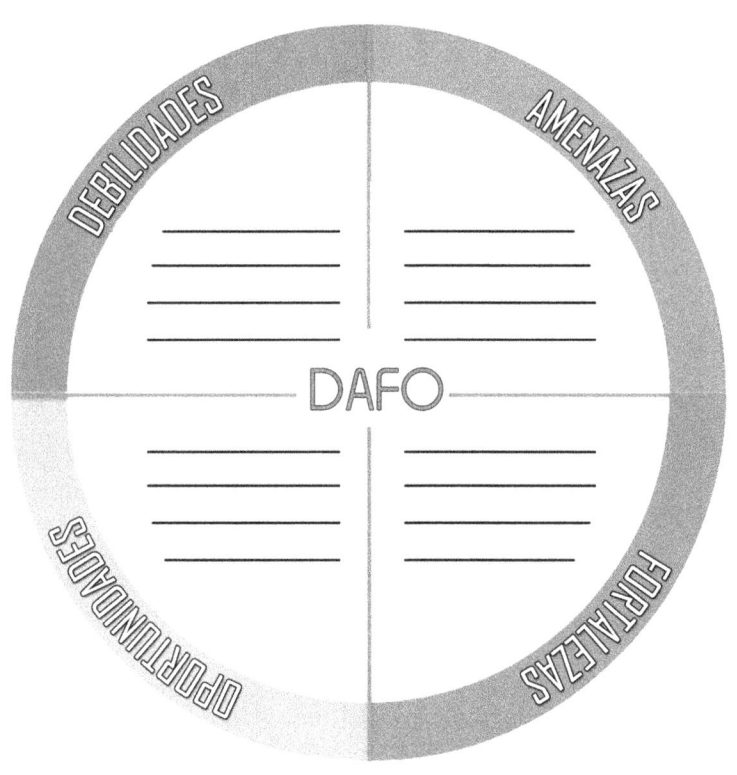

apartados, el grupo de trabajo debería tener ya una historia común y un conocimiento mutuo importante. De esta manera la evaluación tendrá un valor más próximo a la realidad.

Te proponemos el siguiente ejercicio. Vas a realizar un DAFO sobre una empresa que muy probablemente conozcas, como es Facebook. Si lo deseas, puedes seleccionar tú la empresa que conozcas mejor. Incluso si estas pensando en crear la tuya propia puedes partir de esa idea.

Ejercicio. DAFO sobre FACEBOOK. Imagínate que eres uno de los altos directivos de Facebook y que quieres evaluar cómo marcha la empresa en este momento y que dirección queréis tomar en el mercado. Para ello utilizamos el análisis DAFO.

Fotocopia el esquema de la anterior página. A continuación, cubre cada uno de los cuadrantes. Como ejemplo para iniciar este ejercicio, te indico que una Fortaleza de esta red social es la gran cantidad de usuarios que utilizan diariamente Facebook. Una Debilidad clara es la falta de privacidad de nuestros datos personales. La gran velocidad a la que se mueve el mundo de internet en el que todo cambia muy rápido y es difícil adaptarse constituiría una Amenaza. Y, finalmente, una Oportunidad sería la reciente compra de WhatsApp, que le proporciona la capacidad de seguir creciendo como empresa. Intenta añadir una o dos características más por cada apartado.

Es destacable la versatilidad de esta técnica.

Se puede adaptar para utilizarla sobre una única idea, por ejemplo, introduciéndola en la discusión del Grupo Nominal para ver los "pros" y "contras" que tiene dicha idea.

También se puede emplear sobre nosotros mismos como individuos o directamente sobre toda la empresa, para conocer qué estrategia podemos seguir en el mercado, como hemos hecho con Facebook.

Ahora que sabes cuál es tu situación y la de tu equipo de trabajo, eres capaz de marcarte metas claras y razonables. Que son sumamente importantes como bien se ha tratado en el primer capítulo de este libro.

Estas ultimando tus conocimientos para ser un buen trabajador grupal. Te animo a que te adentres en el siguiente capítulo y descubras como potenciar aún más el rendimiento de cualquier equipo.

"Cuando no sabemos a qué puerto nos dirigimos, todos los vientos son desfavorables"

(Séneca)

Capítulo 11

Daniel Goleman en la Nube Kinto.

David Garrote Yáñez

 - De ahora en adelante, Mr. Asher, se le permitirá planificar y controlar su propio trabajo. Estoy seguro de que eso aumentará su productividad.
- ¿Me pagará más? – dijo Bowin Asher.
- ¡De ningún modo! El dinero no es un elemento motivador – respondió de inmediato el jefe.

La cara de Bowin Asher se tornó pálida como la nieve. ¡No podía creerse lo que estaba oyendo! Su trabajo había sido excepcional durante los últimos meses. Lo merecía…

- Tenga, llévese a casa este libro y léalo – prosiguió su jefe. - En él aparecen todos los elementos que motivan a los empleados

Bowin Asher abandonó el despacho con tristeza. Las palabras de su jefe lo habían herido.

- Sólo soy una máquina más – pensó Asher – y, además, un ignorante. ¿Cómo puedo no saber qué me motiva?

Hay dos cosas que están muy de moda últimamente: la Inteligencia Emocional y la Wikipedia. Si buscamos Inteligencia Emocional en Wikipedia nos dice que "La inteligencia emocional agrupa al conjunto de habilidades psicológicas que permiten apreciar y expresar de manera equilibrada nuestras propias emociones, entender las de los demás, y utilizar esta información para guiar nuestra forma de pensar y nuestro comportamiento."

Aquí es importante diferenciar entre cuando se habla del individuo –y hacemos referencia a sus emociones- y cuando se habla del grupo, en cuyo caso hablamos del clima o la atmósfera grupal (Goleman, 1998, 2001; Giraudier, 2002).

¿Qué es la atmósfera grupal?

Como se ha mencionado en el segundo capítulo de este libro, cuando hablamos de aumentar el rendimiento de cualquier tipo de equipo, lo que realmente queremos conseguir es controlar su *sinergia*, es decir, controlar la parte variable del rendimiento del grupo que hace que este difiera de la simple suma de rendimiento de sus individuos. La **sinergia** de un equipo puede ser positiva, negativa o neutra. Esto quiere decir que el rendimiento de cada miembro de un equipo puede ser mayor, menor o igual que si desempeñase su función de forma individual.

Partiendo del supuesto lógico de que todo equipo debe alcanzar el máximo rendimiento posible, el control de la **sinergia** debe convertirse en un objetivo fundamental. ¿Cómo se consigue esto?

A través de la **motivación** que el grupo consiga generar sobre cada uno de sus integrantes.

La relación entre motivación y *sinergia* es directamente proporcional: a mayor motivación, mayor *sinergia*, y viceversa; a menor motivación, menor *sinergia*. Conseguir que un equipo de trabajo genere sobre sí mismo una motivación alta es una tarea complicada. Son muy pocos los que lo hacen de forma automática, sin ir más allá de la interacción natural entre sus miembros. Para que esta situación aparezca tendrían que darse como mínimo dos condiciones fundamentales:

1. Que los miembros del equipo conformen un grupo informal (es decir, que se sientan cómodos al invertir su tiempo en relacionarse entre ellos en lugar de hacerlo con otras personas) y …

2. Que además compartan alguna motivación intrínseca hacia la tarea que deben realizar.

Normalmente en un equipo de trabajo se cumple siempre la segunda condición, pues existen metas comunes como el salario, las calificaciones, el reconocimiento… Sin embargo, en los grupos informales es más habitual que surjan para realizar actividades de tipo lúdico. El primer criterio por el que las personas decidimos pasar nuestro tiempo libre con otras personas no suele ser compartir metas comunes, sino más bien disfrutar, reírnos u otra clase de experiencias que generen bienestar.

Llegados aquí me gustaría ilustrar, a través de un breve relato, la importancia de las emociones en los equipos de trabajo.

El cuento de las herramientas.

En un pequeño pueblo, existía una diminuta carpintería famosa por los muebles que allí se fabricaban. Cierto día las herramientas decidieron reunirse en asamblea para dirimir sus diferencias. Una vez estuvieron todas reunidas, el martillo, en su calidad de presidente tomó la palabra:

- Queridos compañeros, ya estamos constituidos en asamblea. ¿Cuál es el problema?

- Tienes que dimitir - exclamaron muchas voces.

- ¿Cuál es la razón? – Inquirió el martillo - ¡Haces demasiado ruido! - se oyó al fondo de la sala, al tiempo que las demás afirmaban con sus gestos - Además - agregó otra herramienta-, te pasas el día golpeando todo.

El martillo se sintió triste y frustrado.

- Está bien, me iré si eso es lo que queréis. ¿Quién se propone como presidente?

- Yo - se autoproclamó el tornillo

- De eso nada - gritaron varias herramientas - Sólo sirves si das muchas vueltas y eso nos retrasa todo.

- Seré yo - exclamó la lija

- ¡Jamás! - protesto la mayoría - Eres muy áspera y siempre tienes fricciones con los demás.

- ¡Yo seré el próximo presidente! - anunció el metro

- De ninguna manera, te pasas el día midiendo a los demás como si tus medidas fueran las únicas válidas – dijo una pequeña herramienta.

En esa discusión estaban enfrascados cuando entró el carpintero y se puso a trabajar. Utilizó todas y cada una de las herramientas en el momento oportuno. Después de unas horas de trabajo, los trozos de madera apilados en el suelo fueron convertidos en un precioso mueble listo para entregar al cliente. El carpintero se levantó, observó el mueble y sonrió al ver lo bien que había quedado. Se quitó el delantal de trabajo y salió de la carpintería.

De inmediato, la Asamblea volvió a reunirse y el alicate tomó la palabra:

Queridos compañeros, es evidente que todos tenemos defectos pero acabamos de ver que nuestras cualidades hacen posible que se puedan hacer muebles tan maravillosos como éste.

Las herramientas se miraron unas a otras sin decir nada y el alicate continuó:

- Son nuestras cualidades y no nuestros defectos las que nos hacen valiosas. El martillo es fuerte y eso nos hace unir muchas piezas. El tornillo también une y da fuerza allí donde no actúa el martillo. La lija lima aquello que es áspero y pule la superficie. El metro es preciso y exacto, nos permite no equivocar las medidas que nos han encargado. Y así podría continuar con cada una de vosotras.

Después de aquellas palabras todas las herramientas se dieron cuenta de que sólo el trabajo en equipo les hacía realmente útiles y que debían de fijarse en las virtudes de cada una para conseguir el éxito.

Extraído de "Cuentos que mi jefe nunca me contó" de Juan Mateo (2011)

Las herramientas del cuento de Juan Mateo tenían metas comunes, pero el clima no era adecuado. Si en lugar de herramientas fuesen individuos, jamás serían capaces de obtener la máxima sinergia. Por lo tanto, es necesario intervenir sobre la atmósfera.

Si tu equipo ya comparte metas comunes (lo cual es fundamental) pero no conforma por sí mismo un grupo informal (que como veníamos diciendo no suele conformarlo), para conseguir *sinergia positiva* deberá intervenirse sobre la atmósfera o clima grupal del conjunto.

Como intervenir sobre la Atmósfera en un equipo de trabajo.

¿Qué es la Atmósfera del grupo? La Atmósfera es el ambiente generado por las emociones de los miembros del grupo y la influencia que a su vez este ambiente tiene sobre las emociones de cada individuo. Es como una serpiente mordiéndose la cola. Las emociones de cada individuo afectan al ambiente y este a su vez afecta a cada individuo en un ciclo sin fin. Los seres humanos somos mucho más mecánicos de lo que realmente en muchas ocasiones queremos creer. La inteligencia emocional, al final, no es más que aprender a controlar las emociones y a cambio ganar en autonomía personal. Puedes comportarte en función de tu parte racional y que sea tu parte emocional la que se adapte a ella, y no al revés. Como escribí hace un momento, las personas somos mucho más mecánicas de lo que realmente nos gusta creer. En psicología cognitiva existe una metáfora muy recurrida para explicar la influencia de las emociones sobre el pensamiento:

La mente es como un gran campo de hierba por el que nos desplazamos constantemente. Cada vez que atravesamos ese campo, la hierba que pisamos para cruzar queda aplastada contra el suelo y tarda en recuperar su forma. Si nos acostumbramos a seguir unas determinadas rutas entre la hierba, ésta cada vez tarda más en recuperar su forma y finalmente dejará de haber hierba en esa ruta y se irá formando un sendero. Y si existe un sendero en el campo de hierba, el sendero es la primera opción cuando necesitemos cruzar el campo. Posiblemente ni nos acordemos de que existen más opciones. La mente funciona igual, aunque no hablamos de senderos si no de sinapsis neuronales. En la mente, todo pensamiento es asociado a una emoción. Cada vez que asociamos un pensamiento a una emoción negativa, vamos al sendero que nos lleva a esa

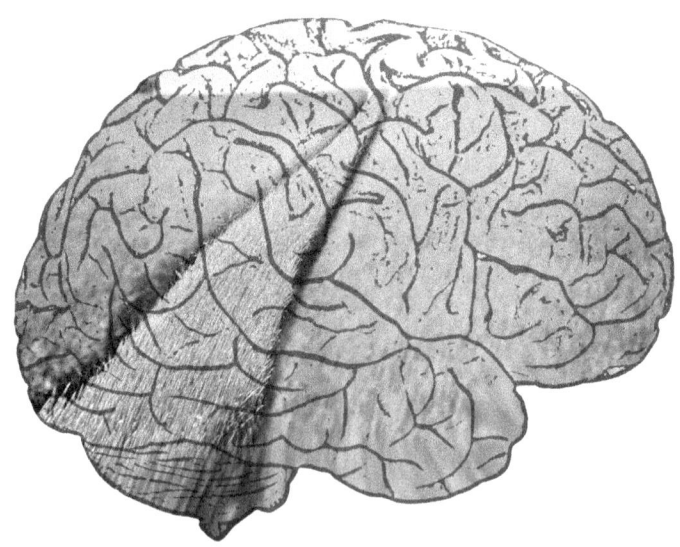

emoción, y en sucesivas ocasiones será más sencillo que optemos por él en lugar de por otros. Por ello cada vez que asociamos un pensamiento a una emoción negativa, hacemos que sea más fácil que la próxima vez que tengamos ese mismo pensamiento, o uno muy parecido, lo volvamos a asociar a esa misma emoción negativa, la cual por lo general nos genera malestar.

Puesto que la Atmósfera se genera por la interacción de emociones individuales, para conseguir una *atmosfera agradable* lo que debe de lograr tu equipo es que la interacción de los miembros genere el máximo de emociones positivas posibles en cada individuo (Cooper & Sawaf, 1998). ¿Cómo?

¿Se puede generar emociones positivas en otras personas? Si, por supuesto. Hay muchísimos factores que influyen en las emociones interpersonales. Algunos muy sencillos de intervenir y otros no tanto. El simple hecho de sonreír a alguien puede generar emociones positivas como seguro que sabrás. La escucha activa también es fundamental. **Hay dos formas de recibir información: de forma activa y de forma pasiva.**

Uno de los principios más importantes y difíciles de todo el proceso comunicativo es el **saber escuchar**. La falta de comunicación que sufrimos hoy en día se debe en gran parte a que no se sabe escuchar a los demás. Se está más tiempo pendiente de las propias emisiones (o del Smartphone), y en esta necesidad propia de

179

comunicar **se pierde la esencia de la comunicación**, es decir, poner en común, compartir con los demás. Existe la creencia errónea de que se escucha de forma automática, pero no es así. Escuchar requiere un esfuerzo superior al que se hace al hablar y también del que se ejerce al escuchar sin interpretar lo que se oye. Pero, ¿qué es realmente la escucha activa?

> La escucha activa significa escuchar y entender la comunicación desde el punto de vista del que habla.

¿Cuál es la diferencia entre el oír y el escuchar? Existen grandes diferencias. El oír es simplemente percibir vibraciones de sonido. Mientras que escuchar es entender, comprender o dar sentido a lo que uno oye. La escucha efectiva tiene que ser necesariamente activa, por encima de lo pasivo. La escucha activa se refiere a la habilidad de escuchar no sólo lo que la persona está expresando directamente, sino también los sentimientos, ideas o pensamientos que subyacen en lo que se está diciendo, y ser capaz de trasmitir a quien te habla que le prestas atención.

Elementos que facilitan la escucha activa.

✓ **Disposición psicológica.** Prepararse interiormente para escuchar. Observar al otro: identificar el contenido de lo que dice, los objetivos y los sentimientos.

✓ Expresar al otro que le escuchas con comunicación verbal (ya veo, umm, uh, etc.) y no verbal (contacto visual, gestos, inclinación del cuerpo, etc.).

Para llegar a entender a alguien se precisa **empatía**, es decir, saber ponerse en el lugar de la otra persona.

Habilidades para la escucha activa.

1. **Mostrar empatía**: Escuchar activamente las emociones de los demás es tratar de "meternos en su pellejo" y entender sus motivos. Es escuchar sus sentimientos y hacerle saber que "nos hacemos cargo", intentar entender lo que siente esa persona. No se trata de mostrar alegría, si siquiera de ser simpáticos. Simplemente, que somos capaces de ponernos en su lugar. Sin embargo, no significa aceptar ni estar de acuerdo con la posición del otro. Para demostrar esa actitud, usaremos frases como: "entiendo lo que sientes", "noto que...".

2. **Parafrasear**. Este concepto significa verificar o decir con las propias palabras lo que parece que el emisor acaba de decir. Es muy importante en el proceso de escucha ya que ayuda a comprender lo que el otro está diciendo y

permite verificar si realmente se está entendiendo y no malinterpretando lo que se dice. Un ejemplo de parafrasear puede ser: "Entonces, según veo, lo que pasaba era que…", "¿Quieres decir que te sentiste…?"

3. **Emitir palabras de refuerzo o cumplidos**. Pueden definirse como verbalizaciones que suponen un halago para la otra persona o refuerzan su discurso al transmitir que uno aprueba, está de acuerdo o comprende lo que se acaba de decir. Algunos ejemplos serían: "Esto es muy divertido"; "Me encanta hablar contigo" o "Debes ser muy bueno jugando al tenis". Otro tipo de frases menos directas sirven también para transmitir el interés por la conversación: "Bien", "ummm" o "¡Estupendo!".

4. **Resumir**. Mediante esta habilidad informamos a la otra persona de nuestro grado de comprensión o de la necesidad de mayor aclaración. Expresiones de resumen serían: "Si no te he entendido mal…", "O sea, que lo que me estás diciendo es…", "A ver si te he entendido bien….", etc.

Influencia emocional: el peso de las palabras.

Una apuesta segura para influir en las emociones es no infravalorar el peso de las palabras. Las palabras tienen una carga emocional enorme en cualquier interacción humana (Goleman, 2012). Tal vez no siempre os hayáis dado cuenta pero, a lo largo vuestra vida, en muchas ocasiones habréis seleccionado o decidido si alguien os agrada o no en función de cosas muy concretas que en algún momento os haya dicho. Las muestras de preocupación, empatía, cariño, reconocimiento… siempre dejan una huella de memoria muy fuerte. Una amistad puede empezar por una simple palabra en ocasiones. Os voy a poner un ejemplo de la que creo fue la primera vez que fui consciente del peso que podía tener una simple palabra:

"Mis dos primeros años de universidad los pasé en una residencia de estudiantes. No sé en otras residencias, pero en la mía era muy fácil encontrar gente con la que divertirse o pasar un buen rato. Llegabas allí el primer día y te daba la impresión de que habías hecho 50 amigos nuevos en una tarde.

Como éramos muchos, casi todo el mundo tenía un apodo o se le llamaba por su apellido. Los nombres propios eran lo más extraño. A mi casi nadie me llamaba David, sino que me llamaban por mi apellido. Sin embargo había un chico, un estudiante de medicina, que siempre me llamaba por mi nombre.

Y la verdad es que yo sentía por el muchísimo aprecio de una forma muy natural casi desde el principio. ¿Os imagináis por donde quiero ir no? Allí en la residencia, donde nadie me llamaba por mi nombre habitualmente, cuando alguien lo hacía despertaba en mí sensaciones de cercanía, seguramente porque me recordaba a otra gente, como mi familia o mis amigos de toda la vida, que siempre me habían llamado así […]"

Normalmente es difícil encontrar palabras concretas que generen emociones positivas tan fuertes como las de esta historia. Pero hay otras formulas más sencillas y que sin embargo son igual de efectivas. Si hay algo que el humano valora desde tiempos inmemoriales es el reconocimiento. El reconocimiento de los demás.

Dinámica de atmósferas: como ejercer influencia emocional.

Cuando trabajes en equipo, una técnica tan útil como sencilla es que te acostumbres a reconocer las virtudes de tus compañeros y decírselo cuando lo hagas. Esta es una técnica muy útil siempre y cuando se repita y se mantenga en el tiempo. Si tienes un compañero que hace algo bien, como tener ideas muy creativas, solucionar conflictos

184

habitualmente, haber trabajado muy duro... o sencillamente tener alguna capacidad propia como el don de gentes o de organización, y se lo reconoces, obtendrás dos resultados favorables:

El primero, generar una emoción positiva de tu compañero hacia ti, ya que lo más seguro es que se sienta valorado y agradecido.

El segundo, retener el conocimiento de esa virtud con mayor fuerza en tu memoria y, de esa forma, facilitar la aparición de pensamientos positivos sobre tu compañero frente a los negativos.

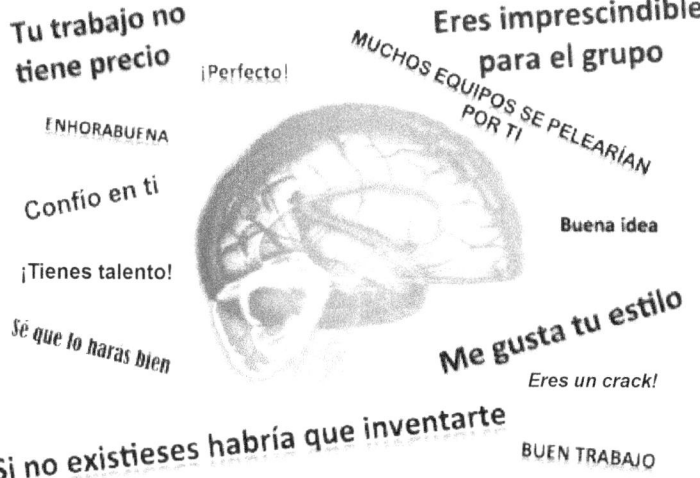

Me gustaría que propusieses una tarea a tu equipo: coged una cuartilla cada uno y anotad en ella, de forma individual, alguna virtud de cada compañero.

Después, haced una puesta en común, y descubriréis lo reconfortantemente positivo que resulta para vuestro equipo.

El objetivo de esta dinámica no es que os acostumbréis a una vez al mes coger un papel y poneros a anotar lo que ha hecho bien cada compañero.

El objetivo de esta dinámica es ser consciente de la importancia del reconocimiento de virtudes, y lo útil y beneficioso para la atmosfera del grupo que resulta que este reconocimiento sea integrado de forma habitual en la comunicación.

Al igual que en la comparación del cerebro con un campo de hierba, una vez que el grupo comienza a integrar esta dinámica en la comunicación, si se mantiene lo suficiente en el tiempo, el proceso se vuelve casi automático con la consecuente mejora del clima de grupo y la comodidad de cada uno de sus integrantes.

"El que busca un amigo sin defectos se queda sin amigos."
(Proverbio Turco)

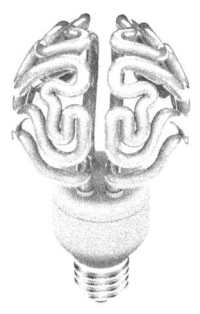

PsyConsejo: Diez pasos para convertirte en una persona positiva y mejorar la atmósfera grupal.

¿Alguna vez has visto a una gallina volar con las águilas? Yo tampoco. Las águilas no se rodean de gallinas, y de igual forma casi nunca verás gente súper-exitosa rodeada de personas negativas y deprimentes. El pensamiento positivo es altamente contagioso: si te conviertes en una persona positiva, observarás como esto afecta positivamente al clima de tu equipo.

1. **No critiques a quien no está presente.** Genera desconfianza en tu oyente.

2. **No te quejes.** El mundo es neutro por naturaleza ¿buena suerte? ¿mala suerte? Quien sabe.

3. **Corrige los pensamientos negativos.** Recuerda que tu mente funciona por hábitos y costumbres. Los pensamientos negativos no llevan a ninguna parte.

4. **Defínete en positivo.** ¿Cómo te va? BIEN.

5. **Sé más consciente de cuando sonríes**. La sonrisa es el comportamiento que más favorece el ánimo positivo. SONRIE.

6. **Esfuérzate por que digan de ti que eres una persona positiva.** Si tienes dos opciones, y una de las dos es quedarte en casa sin hacer nada interesante, elige la otra opción. La gente que hace actividades es más positiva que la huraña.

7. **Rodéate de cosas que te hagan sentir bien.** Tú eliges qué hay sobre la mesa de tu escritorio, en tu oficina, en el mueble de la entrada, en las paredes de tu dormitorio y en el salón.

8. **Céntrate en la solución, no en el problema.** "Si esto es lo que ha pasado, vamos a ver qué solución tiene"

9. **No veas informativos ni leas periódicos.** Están cargados de mensajes negativos que no afectan a tu vida. Ya te enterarás de ese 5% de noticias relevantes por otros medios.

10. **Júntate con gente positiva y evita a la gente que no cumpla la mayoría de estos diez puntos.** A la hora de decidir con quién pasas tu tiempo, escoge preferiblemente a la gente que son como a ti te gustaría parecerte (Pena, 2011)

Capítulo 12
Otros procesos en la psicología de los grupos.

Noel González Martínez

Desde hace décadas, los investigadores de la psicología social analizan cómo el grupo influye en la conducta, las experiencias y las opiniones del ser humano. Los hallazgos revelan fenómenos sociales en los que la presencia de otras personas provoca que actuemos de manera diferente a la que esperábamos.

La primera de todas es el **efecto espectador**, aunque parezca inocuo es un fenómeno que muestra el lado más diabólico del ser humano. Es triste pero cierto: cuantos más transeúntes observan un acto violento, menores posibilidades existe de que un testigo acuda en ayuda de la víctima. El efecto espectador no se basa solo en el miedo o la vergüenza: la simple presencia de otras personas conlleva con frecuencia a rechazar responsabilidades a nivel individual o a dispersarla entre los presentes, "otra persona ya se prestará ayudar" (Morales, 2007).

 Observa detenidamente el siguiente vídeo ilustrativo del destacado psicólogo social Philip Zimbardo. Escanea el siguiente código QR o introduce el siguiente link:

http://www.youtube.com/watch?v=K3O-KAbcSmk

Seguro que te ha pasado que estás en un concierto y sientes la energía de todas esas personas eufóricas por cantar y bailar, entonces tú sientes esa necesidad de copiarles (sin querer) y comienzas a cantar y bailar también. Si eso te ha ocurrido déjame decirte que ya conoces **el efecto camaleón** o el contagio emocional, De forma inconsciente, imitamos el lenguaje, las emociones y los gestos de las personas a las que observamos, y de la misma manera, condicionar los de otros. Los bebés ya presentan el efecto camaleón que sirve sobre todo para encontrar aceptación en el grupo puesto que la imitación estimula una simpatía mutua.

Uno de los fenómenos de influencia social más conocidos es el **conformismo** (Asch, 1972). Consiste en la adaptación personal de las conductas, pareceres y objetivos del grupo. En los años 50 del pasado siglo, el psicólogo social Solomon Asch demostró que los individuos se dejaban influir por juicios erróneos si estos procedían de la presión de un grupo: los participantes en el experimento de Ash defendían la longitud incorrecta de una línea si antes otras personas habían confirmado la valoración equivocada. La prueba consiste en que los cómplices del experimentador que forman el grupo niegan algo que está perfectamente claro (tamaño de la línea) y el sujeto ingenuo, que será el último en responder, se sentirá presionado a tomar la misma opción.

Observa detenidamente el siguiente vídeo ilustrativo del experimento de Solomon Asch. Escanea el siguiente código QR o introduce el siguiente link:

http://www.youtube.com/watch?v=wt9i7ZiMed8

En 1979 Latane, Willians y Harking acuñaron el término **holgazanería social**, que se puede definir como la reducción del esfuerzo al trabajar colectivamente y en comparación con el trabajo individual en la misma tarea. Cuando varias personas trabajan unidas para alcanzar un mismo objetivo, algunas de ellas tienden a la inactividad. Esta pérdida de motivación se presenta sobre todo cuando el hecho de no hacer nada pasa inadvertido, por lo que el individuo en cuestión no recibe la reprimenda de los demás miembros del grupo. Una manifestación particular de holgazanería social es el fenómeno de "viajar gratis", en el que un sujeto del grupo que tiene asignado un determinado trabajo individual deja de realizarlo porque siente que su esfuerzo no se verá recompensado en los resultados del grupo.

El 60% de los sujetos acatan las instrucciones de una figura de autoridad sin cuestionarlas, incluso cuando éstas son ilógicas. Stanley Milgram describió este fenómeno en su experimento sobre la **obediencia a la autoridad** (Milgram, 1998). En él los participantes debían propinar descargas eléctricas a unos aprendices. Las descargas aumentaban de intensidad si el aprendiz erraba en sus ejercicios (Morales, Huici, Gómez & Gaviria, 2008). Numerosos participantes continuaron propinando descargas a pesar de las súplicas (fingidas, ya que se trataba de un actor), debido a que un investigador, figura de autoridad, asumía toda responsabilidad sobre la salud del aprendiz. Nuevos estudios revelan que es un efecto universal que se da más allá de la cultura y que las personas responsables y escrupulosas tienden especialmente a la obediencia. Las consecuencias sociales de este experimento (a nivel político, social, nacional...) son muy importantes. Si esto se produjo en un experimento artificial sin posibilidad de castigo, ¿qué ocurrirá en la vida real (los soldados de un ejército que obedecen órdenes de un general)?

 Observa detenidamente los siguientes vídeos del experimento de Stanley Milgram. Escanea los siguientes códigos QR.

http://www.youtube.com/watch?v=8rocRcUOwFw

http://www.youtube.com/watch?v=MhppSITo-Eo

Sheriff describe en su experimento el efecto autocinético un proceso grupal muy interesante, conocido como **proceso de normalización** (Sherif, 1988; Hewstone, Stroebe, Codol & Stephenson, 1990). Este es un mecanismo de influencia entre individuos que llegan a un acuerdo sin que exista norma previa y sin marco de referencia (Baron & Byrne, 2005). En el efecto autocinético, los participantes entraban en una habitación oscura en la que se les presentaba un punto luminoso que se movía azarosamente. Al salir eran capaces, en reunión, de ponerse de acuerdo en que existía un patrón de movimiento. En la vida real, este efecto de normalización es más complicado de observar, dado que influyen factores en las relaciones como el estatus, liderazgo o la ideología y que modifican la igualdad funcional que se da en el experimento de Sheriff.

Por último, comentar dos fenómenos descritos por Philip Zimbardo, antes mencionado: la **despersonalización** y la **desindividuación** (Zimbardo, 2008; Hogg & Vaughan, 2010). En su más que consolidado experimento realizado en la Universidad de Stanford, Zimbardo creó en los sótanos de su laboratorio las condiciones para simular una cárcel (Myers, 2004, 2008). Todos los participantes eran alumnos de la universidad. Algunos tomaron el rol de policías y otros el de presos. La única diferencia entre ambos era la indumentaria. Teniendo en cuenta ésta única diferencia comenzaron a apreciarse ambos fenómenos, la despersonalización la sufrieron los presos por parte de los guardias. Para estos los reclusos dejaron de ser sus compañeros de aulas y pasaron a ser poco más que animales, y por ello los trataron como tales. El otro fenómeno afectó a los guardias fue la desindividualización. Estos pasaron a verse como miembros de un grupo, y realizaron actos que nunca hubiesen hecho como actores individuales.

 Observa detenidamente el último vídeo sobre el experimento de Philip Zimbardo. Escanea el último código QR o introduce el último link:

http://www.youtube.com/watch?v=HPbCHFkftb8

Epílogo

El comienzo de la lectura de un libro pone en marcha un reloj. El pasar de las páginas representa la caída de los diminutos granos de arena, aproximándonos hacia el final. Pocas líneas le restan a esta obra. Esta aventura está a punto de concluir.

A lo largo de este viaje has observado las majestuosas montañas del emprendimiento. Muchas personas hablan de ellas como imposibles de escalar. Dicen que el tiempo invertido no vale la pena. Utopía. Ese es el nombre que recibe este relieve empresarial. Este libro rompe con dicha afirmación. Has podido comprobarlo. Un buen alpinista necesita un buen equipo y los instrumentos adecuados. De no ser así, no ondearía ninguna bandera a merced del viento. No dejes que nadie te diga que tus ideas son fantasías. Mientras los sueños existan los hombres podrán alcanzar sus metas. Cambio, mejora, ambición… todo lleva al progreso.

Todos los autores que hemos participado en esta obra queremos agradecerte tu tiempo y atención. No hay mayor orgullo para un formador que observar cómo su educando progresa a lo largo de la vida. Deseamos fervientemente que este libro haya sido de utilidad, que disfrutases con su lectura, y que apliques las ideas que se recogen y tu beneficio en un futuro inmediato.

Nuestro viaje finaliza… el primero. Ahora te ofrecemos la oportunidad de que te embarques en un segundo. Una odisea a través del extenso mar empresarial. Los conocimientos de tu primera travesía serán cruciales. Comprueba por ti mismo las ventajas del rendimiento grupal en el ámbito laboral a la hora de emprender. Determina el rumbo de tu barco y navega. Desde aquí, nosotros te mandamos un último mensaje… ¡Buen viaje!

Referencias bibliográficas

Asch, S. (1972). *Psicología social.* Buenos Aires: Eudeba.

Ayestarán, S. (1996). *El grupo como construcción social.* Barcelona: Plural.

Ballenato, G. (2009). *Trabajo en equipo: Dinámica y participación en los grupos.* Madrid: Pirámide.

Baron, R.A. & Byrne, D. (2005). *Psicología Social.* Madrid: Prentice-Hall.

Blanco, A.; Becerra, A. & de la Corte, L. (2005). *Psicología de los grupos.* Madrid: Pearson.

Candela, R. (2008). *Mitos sobre emprendedores.* Disponible en: http://www.monografias.com/trabajos-pdf/mitos-emprendedores/mitos-emprendedores.pdf (Consultado el 26 de Mayo de 2014)

Canto, J. M. (1998). *Psicología de los grupos. Estructura y procesos.* Málaga: Aljibe.

Canto, J. M. (2002). *Dinámica de grupos. Aspectos técnicos, ámbitos de intervención y fundamentos teóricos.* Málaga: Aljibe.

Cembranos, F. & Medina, J. A. (2003). *Grupos inteligentes. Teoría y práctica del trabajo en equipo.* Madrid: Editorial Popular.

Cooper, R. K. & Sawaf, A. (1998). *Executive EQ. Emotional Intelligence in Leadership and Organizations.* New York: The Berkley Publishing Group.

Cory, T. R. (2003). *Brainstorming. Techniques for New Ideas.* Lincoln, N. E.: iUniverse

Franzoi, S. (2007). *Psicología social.* Méjico: McGraw-Hill.

Gallagher, S. (2008). *Brainstorming: Views and Interviews on the Mind.* Exeter: Imprint Academic.

Gil, F. & Alcover, C. M. (1998). *Introducción a la psicología de los grupos.* Madrid: Pirámide.

Giraudier, M. (2002). *La gestión de la actitud: como crear un clima de confianza y de comunicación en los equipos de trabajo, para conseguir una gestión más eficaz.* Barcelona: Obelisco.

Goleman, D. (1998). *La práctica de la inteligencia emocional.* Barcelona: Editorial Kairós S.A.

Goleman, D. (2001). *Inteligencia emocional.* Barcelona: Editorial Kairós S.A.

Goleman, D. (2012). *Emociones destructivas: cómo entenderlas y superarlas.* Barcelona: Editorial Kairós S.A.

Gómez, L. & Canto, J. (1995) (Coords.). *Psicología social.* Madrid: Eudema.

González, M. P. (1997). *Orientaciones teóricas fundamentales en psicología de los grupos.* Barcelona: EUB.

González, M. P. (1997). *Psicología de los grupos. Teoría y aplicaciones.* Madrid: Síntesis.

Hewstone, M.; Stroebe, W.; Codol, J. & Stephenson, G. (1990). *Introducción a la Psicología social. Una perspectiva europea.* Barcelona: Ariel.

Hogg, M. & Vaughan, G.M. (2010). *Psicología Social.* Madrid: Panamericana.

Huici, C. (2012). Composición y estructura de grupo. En Huici, C., Molero, F.; Gómez Jiménez, Á. & Morales, J. F. *Psicología de los grupos* (pp. 125-172). Madrid: Universidad Nacional de Educación a Distancia.

Kawasaki, G. (2006). *EL arte de empezar.* Barcelona: Ediciones Kantolla S.L.

Kawasaki, G. (2011). *El arte de cautivar.* Barcelona: Gestión 2000.

Mapcal, S. A. (1998). *Gestión eficaz del trabajo en equipo.* Madrid: Díaz de Santos.

Mateo, J. (2006). *Cuentos que mi jefe nunca me contó.* México: LID Editorial Empresarial, S.L.

Milgram, S. (1998). *Obediencia a la autoridad: un punto de vista experimental.* Bilbao: Desclée de Brouwer, D.L.

Morales, J.F. (2007). *Psicología Social.* Madrid: McGraw Hill.

Morales, J.F.; Huici, C.; Gómez, Á. & Gaviria, E. (coords.) (2008). *Métodos, teoría e investigación en psicología social.* Madrid: Prentice-Hall.

Moscovici, S. (1985). *Psicología social.* Barcelona: Paidós.

Muller, J. (2006) Is your team too big? Too small? What's the right number? Knowledge@Wharton, 14 de Junio de 2006, http://knowledge.wharton.upenn.edu/article.cfm?articleid=1501 (Consultado el 23 Mayo 2014)

Myers, D. (2004). *Exploraciones de la Psicología social.* Madrid: McGraw-Hill.

Myers, D. (2008). *Psicología Social.* Madrid: McGraw-Hill.

Newcomb, T. M. (1972) *Manual de psicología social.* Buenos Aires: Eudeba.

Pena, F. (2011, 19 de agosto). 10 pasos para convertirte en una persona positiva [Portalesmedicos.com] de:
http://www.portalesmedicos.com/blogs/psicologovalencia/note/8848/10-pasos-para-convertirte-en-una.html

Pena, F. (2014). *Como seducir a tu cliente*. Raleigh, NC: Lulu Press, Inc.

Polaino-Lorente, A.; Cabanyes Truffino, J. & del Pozo Armentia, A. (2003). *Fundamentos de psicología de la personalidad*. Instituto de Ciencias para la Familia. Universidad de Navarra. Ediciones Rialp, S. A.

Rawlinson, J. G. (1986). *Creative Thinking and Brainstorming*. South NJ Shore: Wildwood House.

Robbins, S. P. & Judge, T. A. (2004). Equipos de trabajo. En Robbins, S. P. & Judge, T. A. *Comportamiento organizacional* (pp. 320-347). México: Pearson.

Rodríguez, C. (2003). *Psicología social*. Madrid: Pirámide.

Sánchez, J.C. (2002). *Psicología de los grupos. Teorías, procesos y aplicaciones*. Madrid: McGraw-Hill.

Shaw, M. (1980). *Dinámica de grupo. Psicología de la conducta de los pequeños grupos*. Barcelona: Herder.

Sherif, M. (1988). *Intergroup conflict and cooperation: The Robbers Cave Experiment*. Middletown, Connecticut: Wesleyan University Press.

Stone, N. J. & English, A. J. (1998). Task type, posters, and workspace color on mood, satisfaction, and performance. *Journal of Environmental Psychology, 18,* 175-185.

Stoner, J. (1961). *A comparison of individual and group decisions involving risk*. (Unpublished).

Tajfel, H. (1984). *Grupos humanos y categorías sociales: estudios de psicología social.* Barcelona: Herder.

Tous, J.M. (1993) *Comportamiento social y dinámica de grupos.* Barcelona: PPU.

Turner, J. C. (1990). *Redescubrir el grupo social.* Madrid: Morata.

Worchel, S.; Cooper, J.; Goethals, G. y Olson, J. (2003). *Psicología social.* Madrid: Thomson.

Xunta de Galicia (2012). *Cuadernos prácticos de gestión. Cómo elaborar el análisis DAFO.* Santiago de Compostela: C.E.E.I. Galicia S.A.

Xunta de Galicia (2012). *Emprender en tiempos de crisis.* Santiago de Compostela: C.E.E.I. Galicia S.A.

Zimbardo, P. G. (2008). *El efecto Lucifer: el porqué de la maldad.* Barcelona: Paidós.

www.ingramcontent.com/pod-product-compliance
Lightning Source LLC
Chambersburg PA
CBHW060842170526
45158CB00001B/215